银行业金融机构培训系列教材

YINHANGYE JINRONG JIGOU PEIXUN XILIE JIAOCAI

上海银院　组编

银行营销

——理念 策略 技巧

顾晓安 著

立信会计出版社

LIXIN ACCOUNTING PUBLISHING HOUSE

图书在版编目(CIP)数据

银行营销：理念　策略　技巧 / 顾晓安著. — 上海：立信会计出版社，2011.7

银行业金融机构培训系列教材

ISBN 978-7-5429-2929-7

Ⅰ. ①银… Ⅱ. ①顾… Ⅲ. ①商业银行-市场营销学-技术培训-教材 Ⅳ. ①F830.33

中国版本图书馆 CIP 数据核字(2011)第 131997 号

策划编辑　戎其玉
责任编辑　赵志梅
封面设计　周崇文

银行营销——理念　策略　技巧

出版发行	立信会计出版社		
地　　址	上海市中山西路 2230 号	邮政编码	200235
电　　话	(021)64411389	传　　真	(021)64411325
网　　址	www.lixinaph.com	电子邮箱	lxaph@sh163.net
网上书店	www.shlx.net	电　　话	(021)64411071
经　　销	各地新华书店		

印　　刷	上海申松立信印刷有限责任公司		
开　　本	787 毫米×1092 毫米	1/16	
印　　张	17.5	插　　页	1
字　　数	196 千字		
版　　次	2011 年 7 月第 1 版		
印　　次	2011 年 7 月第 1 次		
印　　数	1-4 100		
书　　号	ISBN 978-7-5429-2929-7/F		
定　　价	38.00 元		

总　序

上海理工大学中小银行研究中心成立于2002年6月，是一个以中小银行为主要研究对象，以上海理工大学经济学、管理学、计算机信息技术领域的实战派学者为核心团队，并吸纳上海财经大学、复旦大学、上海交通大学、华东师范大学、上海金融学院等高等院校的专家教授和中国人民银行、银监系统、证监系统、城商行系统、农信社系统、中农工建、邮储、交行、浦发、中信、花旗、汇丰等金融机构经验丰富的实战派人士加盟的合作、互动、开放式研究平台。研究中心按照“研、学、产、市场”相结合的运作模式，对银行业金融机构发展过程中的焦点问题、热点问题、难点问题、前沿问题等进行调查研究，提出解决方案，形成研究成果，供银行业金融机构作为决策参考和经营管理实践的依据。经过长期的经验积累与持续研发，研究中心已经拥有了一批适应灵活多变的市场需求、实用性强、易操作、理念先进的研究成果，在国内产生了积极影响，并得到了银行业的普遍认同。

上海银院教育信息咨询有限公司（简称上海银院）是一个专业从事银行业金融机构教育咨询、管理咨询，业务技术开发、培训、承包等的集研发、咨询、培训于一体的机构，由上海理工大学中小银行研究中心的研发与培训团队发起组建。上海银院下设项目研发中心（含研究生工作站）、课程研发中心和业务技术培训中心，旨在充分利用上海作为中国金融中心和金融人才聚集的优势，为银行业金融机构提供优良的多层次、差异化的咨询、培训服务。经过 9 年的建设，我们已形成了一支治学严谨、专业齐全、经验丰富、梯队健全、力量雄厚、善于创新的业务技术研发与培训团队。自 2002 年 6 月以来，我们的团队已承接了银行业及相关领域的业务技术咨询项目 200 多项，培训超过 8 万人次，业务范围遍布全国各地。

“银行业金融机构培训系列教材”实时、动态地总结了上海理工大学中小银行研究中心的科研成果，并委托上海银院组编。本套教材的选题共八十多种，主要依据安全性、效益性、流动性的“三性”原则，运用系统管理思想和现代网络信息手段等先进的理念与技术，为银行业金融机构在公司治理、战略规划、组织结构、业务流程、产品开发、服务营销、风险管理、信用评价、内部控制与稽核、合规与法务、企业文化、业绩考核与员工激励、计划财务、会计结算、安全保卫等领域的业务培训提供系统化的教材支持。通过出版各个层次、系列或专题的业务培训教材，提供专业的、有针对性的、实用性与理论性相互统一的、高水准的培训内容，达到“既要会操作，还要会思考”的培训效果，为银行业金融机构持续实现价值增值提供业务技术支持和人力资本保障，为传统银行向科技银行的转型贡献绵薄之力。

http://www.yinyuanedu.com

e-mail：bank@yinyuanedu.com

上海理工大学中小银行研究中心主任　宋良荣

上海银院院长　张鹏群

2010 年 1 月

前　言

现阶段，我国银行业或许正面临“全面同质化”的窘境。对此，著名财经评论员叶檀女士在2011年3月10日出版的《每日经济新闻》中精辟地论述了这一现状：“银行的成长靠扩张，盈利靠利差，银行竞争成为一场缺乏创造力的自我残杀。我们见到越来越相似的银行，它们服务的是同样的企业，提供的服务手段相同，追逐的客户没有区别，中间业务惊人的相似。”那么，面对如此现状，银行怎样突出重围，谋得生存与发展的空间呢？

美国著名管理学家彼得·德鲁克(Peter Drucker)认为，“营销与创新是企业的两个功能”。由此可见营销在企业整体战略中的地位。

银行营销是一个热门、纷杂的话题，几乎所有银行已经认识到营销的重要性：银行营销活动既是建立客户关系的前提和基础，是银行立足与生存的第一步，又是面对激烈的市场同业竞争所必须迈出的艰难一步，并由此踏上了不断轮回的漫漫之旅。

然而，怎样做好银行的营销？每家银行营销工作的关键点和切入点在哪里？或许这需要做一个全面细致的营销诊断。

银行的经营和持续发展需要战略的引领。但凡战略都意在长远，需要悉心筹划、精心组织。营销是银行整体战略的重要组成部分，银行营销需要决策层和管理层进行战略规划。

现代战争未必硝烟弥漫，银行营销是一场战争，必须面对竞争对手。在银行各项业务领域中，营销是最直面同业对手、最激烈的竞争领域。竞争催生变革与创新，银行营销竞争力的打造需要以新理念为后盾，创新与变革是营销永恒的主旋律。

实际上，营销是一种沟通与服务。我们始终认为，银行营销需要谋略，甄选市场需要智慧，面对环境变化需要讲究策略，面对同业竞争需要对策，营销人员必须掌握银行专业知识、营销方法和待客沟通技巧，营销组织架构和管理体系需要建立并完善。

风险是银行业绕不开的话题，俗话说“病从口入”。我们坚信：银行营销是风险防控的第一道屏障，在银行全面风险管理体系的构建中，营销是不容忽视和缺失的关键环节。

本书分为三大部分，第一篇是管理层的营销筹划，包含了第1章至第7章，第二篇是员工的营销实务，包括第8章至第10章。第三篇为银行营销案例与评述。

本书第一篇从银行决策层和管理层的视角审视了银行营销的系统性筹划，从营销战略规划入手，分析了各种环境因素及银行的对策，研究了银行的产品、价格、促销、渠道策略，探讨了银行的市场细分与定位、差异化的营销策略，最后阐述了柜面营销管理和客户经理制。

本书第二篇从员工的营销实务入手，论述了营销人员应该掌握的沟通谈判与待客技巧等，并详述了如何进行客户选择与客户关系管理。

本书第三篇精选了世界各国银行营销的成功范例。通过逐个案例的剖析试图发现银行营销成功的秘诀，以启发银行营销决策管理者、营销人员进行思考和借鉴。

本书可作为各类银行中高层管理人员筹划、部署营销工作的参考资料，也可以作为从事银行营销实务工作的一线客户经理和柜面人员提升自身素养、掌握营销技能的培训教材。另外，关注银行营销，有志于从事银行营销工作的大学生、研究生也可以此为参考。

本书很多理念、认识、观点和策略均为著者多年从事银行营销研究的总结。全书逻辑严谨、内涵丰富，整体逻辑框架和写作思路由顾晓安设计、制定，顾晓安著。闫婧婧参与了部分资料的收集。

本书从计划到出版，自始至终都得到了立信会计出版社副社长戎其玉老师和责任编辑赵志梅老师的热情帮助和大力支持，在此表示衷心的感谢。本书著述过程中参阅了国内外相关的文献资料，谨向这些作者表示谢意。限于著者水平，本书难免会有疏漏和不妥之处，希望读者能不吝指正，请方便时把意见和建议发往电子邮箱：guxiaoan@gmail. com，或 guxiaoan@126. com，著者一定会虚心接受，并在再版时加以修订。

顾晓安

2011 年 7 月

目　录

第一篇　管理层的营销筹划——理念与策略

第二篇 员工的营销实务——方法与技巧

第三篇 银行营销案例与评述——前车之鉴

第一篇

管理层的营销筹划——理念与策略

银行营销是一场没有硝烟的战争。未雨绸缪、知己知彼是赢得战争的制胜法宝，银行管理层是营销战场的谋划者和指挥者。

运用先进的理念和理论规划银行的营销战略，根据竞争对手的策略和客户需求制定营销战术方案并组织实施是银行管理层的职责和义务。

庞杂多变的环境是银行管理层面临的一大挑战。建立一个柔性、适应性强的营销管理体系是确保银行的营销战略规划、战术方案和实施计划能够面对纷繁复杂的环境变化作出及时、准确的调整。

市场的选择和营销策略的制定考验银行管理层的综合素养。恰当细分市场，找准目标市场，进行准确定位；制定合适的产品、价格、分销、促销策略等都需要韬略、智慧、经验和技术。

参与竞争需要优势，差异化是取得比较优势的战略之一。差异化理念也是许多具体营销策略和手段的源泉。

营销团队建设和管理体系构建是银行管理层的又一重任。职能清晰、职责明确、精明能干、训练有素、奖罚分明是取得营销成功的关键。

第 1 章

银行营销概述

引言：厘清认识，正本清源

当银行业从高高在上、等客上门的卖方市场转变为放下身价、主动寻找客户的买方市场时，营销就注定成为银行立足市场的重要法宝，营销管理理念和营销实践活动的成败决定了银行的兴衰。

首先，营销是银行的付出行为，这种付出以获取预期回报为目标。所以，投入与产出的配比原则和成本效益原则是银行营销活动必须遵循的游戏规则，长期不计成本地开展营销活动终究难以为继。其次，营销活动也伴随着风险，是银行风险的入口环节。把住入口，严防“病从口入”不仅是银行应有的理念，更应付诸行动。

银行营销工作的整体提升需要新理念的支持，并将新理念转化为营销策略、管理制度和操作技能。

1.1 什么是银行营销

当您踏入很多银行的营业场所，一幅常见的景象展现在您面前，大堂经理们忙于迎来送往一个又一个客户。他们询问客户需求，向客户介绍银行的产品，引导客户进入不同区域接受银行的服务。临柜人员也在微笑且伴随着亲切的语言沟通、高效的服务中希望赢得客户的再次惠顾和对银行的信赖与忠诚。

在工商企业、政府机关、事业单位包括个体工商户和个人客户那里，您又可以见到类似的场景。只不过，这时忙于迎来送往的是客户，他们接待一批又一批来自各家银行的客户经理。

那些衣着得体、举止优雅、谈吐不凡的银行客户经理们会使出浑身解数向客户游说。他们尽力展现所任职银行的竞争优势和自己的才华，利用各种关系和渠道疏通联络感情，竞相许诺各种服务和优惠，以期获得客户的青睐。

银行的身影还不时闪现甚至充斥在各种媒体。电视上播放的银行广告语亲切可人，让您怦然心动；各家银行的巨幅广告宣传牌开始遍布城乡大地；银行使用短信向客户问候、推介产品；一些银行尝试运用电子银行手段，实现与客户的网上在线互动。也许在不久的将来，当竞争愈演愈烈时，赔本赚吆喝的一幕也会在银行业中出现。

以上场景或许就是纷繁缭乱的银行营销景象。假如你想探究到底什么是银行营销的话，答案可能会众说纷纭。事实上，银行营销包括了比我们所能认识到的更多、更复杂的一系列活动。

从微观经济学的供需理论看，银行是金融产品和金融服务的供应方，而公司客户和个人客户则是购买方。银行的营销就是供应方满足购买方需求的过程。

1.1.1 银行营销的含义

在银行的日常营销工作中，营销人员常常纠结于以下两个问题：第一个问题，银行究竟是做营销还是推销？两者是怎样的关系？第二个问题，银行营销究竟是“卖产品与服务”还是“买客户的忠诚度”？

其实，营销与推销或者销售的概念并不完全相同。推销是市场营销的职能之一，推销和营销的共同之处都是要尽可能多地实现银行产品与服务的销售。但是推销侧重于考察实现了多少销售，即结果。而营销则强调必须踏踏实实地做好每个环节的工作，才能实现推销的目标，重在过程。著名管理学大师彼得·德鲁克(Peter Drucker)认为，“市场营销的目标是使推销成为多余”。

另一个困惑在于：银行营销究竟是“卖产品与服务”还是“买客户的忠诚度”？注重“卖”还是“买”？这在营销指导思想上有着本质区别。前者注重把产品和服务卖出去，关注每一次“卖”的结果，这对于被营销考核指标压得“喘不过气”的不少营销人员来说，可能是优先考虑和追求的目标；而后者则注重赢得顾客的心，培养一批长期忠诚于银行的优质客户，这才是支撑银行可持续发展的营销之道。可见，“卖”注重于短期的结果，“买”注重于长期可持续的结果。在银行营销中，“买”得大量的忠诚客户才应该是银行追求的根本，没有大批忠诚客户的银行不可能将产品和服务持续不断地“卖”出去。

有关银行营销的概念，最早在 1958 年的全美零售银行联合会会议上提出。1972 年 8 月，阿瑟·迈丹在英国的《银行家杂志》(The Bankers)上把银行营销定义为，“所谓银行营销，是把可盈利的银行服务引向经过选择的客户的一种管理活动”。

上述定义中，“可盈利的银行服务”是指商业银行向客户提供的各种服务，包括存款、贷款、代理支付、结算、委托业务等各种有偿服务，它们可以为商业银行带来直接或间接的收益，这些服务就是商业银行营销的产品；“经过选择的客户”表明商业银行向目标市场中的客户提供服务，而不是向所有市场的客户提供服务。

本书中，我们按照全流程管理的理念把银行营销定义为：在一个动态的环境中，包括客户群体的确定、客户需求发现、金融产品与服务的制造、分销、促销、定价、持续服务和产生新的产品和服务创意等，以满足客户的需求并实现银行盈利最大化的一系列过程。

在这个过程中，金融产品和服务的购买者——公司和个人客户是所有营销活动的中心。注重客户需求，使客户在使用银行产品过程中得到满意，同时为银行创造收益便是银行营销所要达到的目标。

1.1.2 银行营销的本质

从本质上看，营销是一种沟通与服务。银行营销的本质就是通过营销活动设法实现并完成使客户和银行双方互惠互利的交易的一系列过程。银行营销的过程包括了银行对其产品和服务的承诺，当银行与客户及相关第三方签订合同或协议，交易完成后，客户产生了对银行未来持续服务的期望，而银行必须按照合同约定的承诺提供持续的服务。

例如，获得流动资金贷款的客户，运用流动资金开展生产经营活动，对外销售产品或者服务所取得的销售收入在扣除了流动资金贷款利息及其他成本、费用后如果有盈余，这说明客户在与银行的借贷交易中获得了比付出的成本更高的回报和利益。同样，银行也通过交换得到了相应的价值，一般表现为利息收入和非利息收入，即金融产品和服务的价格。随着时间的推移，双方之间就形成了互相依靠、长期交易的互惠合作关系。

对银行产品和服务满意的客户是银行的基本客户群体，他们对银行产品和服务的重复购买和持续使用是银行的立行基础。

1.1.3 银行营销的观念

随着时代的进步，银行营销的观念也经历了蜕变。从早期“以我为主”的“生产导向和销售导向”观念演变为现代“以客户需求为中心”的“营销导向”观念，即“以市场为导向，以客户需求为中心”的营销观念和营销活动指导思想。我国银行业近年来大力提倡的“以客户为中心”的理念体现了现代营销导向的观念。

一些有战略眼光的银行已经把为客户谋求长远利益，为客户创造价值作为营销的观念；强调社会责任的银行更是把通过满足客户需求，甚至参与社会公益事业达到增进整个社会福利的目标作为营销的理念。

1.1.4 银行营销的特征

虽然银行提供的金融产品和服务的特点决定了银行营

销所应具有的特征。但在实践中，我们常常容易混淆银行产品的特点和银行营销的特征。

1. 银行产品和服务的特点

银行提供的产品和服务通常具有以下特点：

(1) 无形性。银行在提供存款、贷款、结算等业务时所给予客户的服务是一个过程，其质量衡量的标准一般用经验、信任、感受、安全等抽象的词来描述，较难进行量化。无形性特征说明服务不能储存，使得服务很难通过陈列、展示等形式直接激发客户的购买欲望或供顾客进行检查、比较和评价，使客户存在购买风险。

(2) 参与性。银行在提供存款、贷款、租赁融资、信用卡业务、转账业务等服务时，客户参与到整个服务过程中。银行的服务提供与客户的服务消费是同时完成的。

(3) 易逝性。银行服务不能被储存、转售或退回，容易消失，绝大多数银行的服务都无法在客户消费之前事先进行生产和储备。服务的易逝性特征，使银行不可能像有形商品那样随时都可以采取时空转移(存储和运输)的办法去解决服务供需地区分布不平衡的问题。银行只能在需求量相对较大的地区采用增设网点或者添加自助银行设施的办法解决供需不平衡问题。

(4) 同质性。银行产品尚未全面实行专利保护，因而很容易为同业所模仿。模仿具有成本低、效率高的特点。在现实中，一家银行开发的产品很快就会被其他银行所模仿，这导致最后各家银行的产品都“似曾相识”，缺乏差异性，同质化程度较高。

(5) 专业性。银行提供的金融产品和服务专业性很强，往往需要银行员工具有广泛的专业知识，在服务中能够替客户进行资金融通、帮客户充当投资顾问或理财顾问。

(6) 收益性。一般产品在使用过程中可能会因为损耗等原因使产品的价值逐渐下降。而银行产品却可能给客户带来收益，实际上，客户购买银行产品的目的是为了获得收益，这与购买普通产品主要为了获得产品的使用价值有所不同。

2. 银行营销的特征

银行产品和服务的上述特点决定了银行营销的特征。我们认为银行营销具有以下特征。

1) 专业性

银行提供的金融产品和服务，无论是对公业务还是个人业务，都需要营销人员具备一定的专业知识才能识别和发现客户的需求，然后采用正确的方式向客户营销。

如果营销人员没有相关的知识基础，一方面不能向客户全面、准确地介绍产品；另一方面也无法正确地解答客户提出的疑惑，甚至可能由于不恰当的营销导致银行与客户产生纠纷和诉讼。

例如，近年来多次发生的银行营销人员在营销理财产品时，由于没有掌握理财产品的相关知识，或是迫于银行内部业绩考核指标的压力而向客户作出了错误的推介引起客户投诉和诉讼。

2) 风险性

金融产品具有收益性和风险性的特点，这里的风险是指既可能对客户造成风险，也可能给银行带来损失的不确定性。

银行营销就是把具有风险和收益的产品营销给客户，这就需要营销人员既要识别客户的风险和风险承受能力，又要评判给银行带来损失的可能性和损失大小。

一旦营销人员判断失误，就可能给客户或者银行，也可能给双方带来风险损失。所以，银行的营销活动具有风险性特点。

3）差异性

银行作为服务性行业，所面对的客户千差万别，需求各异。有公司客户还有个人客户，有存款需求、贷款需求和中间业务需求，也有理财需求和信息、金融专业知识需求等。这就要求银行针对不同客户的不同需求，制定差别的服务策略和方法。面对银行营销的差异性特点，营销人员应该培养以下几方面的能力：

(1) 识别能力。服务需求的差异性对银行营销人员提出了很高的要求，营销人员必须学会识别客户类型与个性化需求才能适应客户的要求。

(2) 沟通能力。由于银行营销人员的经历、能力和素质存在差异，不同银行营销人员提供服务的态度与质量是有区别的，对于客户而言，银行服务是可变的。银行服务在很大程度上依赖于客户与银行营销人员之间的交互作用。

(3) 应变能力。银行提供的服务一般不存在准备的过程。服务提供的即时性与顾客要求的差异性对银行营销人员的服务应变能力提出了挑战。

差异性使银行难以对营销服务质量实施标准化，因此，如何确保一致的服务质量是银行营销面临的重要问题。

4）持续性

服务的持续性也是银行营销的一大特点。例如，公司业务的贷款营销中，从客户接洽开始，经历了尽职调查、风险评价、信贷审批、合同签订、贷后管理等诸多环节。在整个业务流程中，银行营销人员了解客户的同时也需要协助客户发现经营活动中存在的问题，甚至向客户提供一些咨询意见，为客户设计金融服务方案等，这类服务持续进行，贯穿始终。

在一些发达国家银行所提供的私人银行业务中，银行为客户提供的是长期服务，甚至是终身服务。银行与客户签订了产品和服务合同并不意味着服务的完成和营销活动的终结；相反，合同的正式签订恰恰是持续服务和持续营销的开始。

1.2 银行营销风险

美国著名管理学家彼得·德鲁克说过："企业只有两个基本的职能：营销和创新。"显然，营销活动是银行最重要的经营活动之一，随着银行同业竞争的加剧，越来越多的银行开始重视营销，很多银行已经实施了全员营销战略。

可以预见，当银行的产品和服务项目日益增加并趋向复杂化以及营销活动的全员参与，会使营销活动本身积累很多风险因素。例如，营销活动中所选择的客户不符合银行的标准、把不适合的产品营销给了客户、营销人员道德存在瑕疵等都会给银行带来风险。

1.2.1 银行营销面临的风险

在营销过程中，银行把具有风险和收益的产品营销给客户，使银行在承担风险的条件下希望取得预期的收益，但是，由于存在很多事先无法预料的不确定因素，使银行营销的实际收益与预期收益产生偏差，有遭受损失或得到额外收益的机会和可能性，这就是理论界一般认为的银行营销风险。

营销活动是最重要的经营活动之一，几乎贯穿整个经营活动的全部流程，营销风险与营销活动相伴相生。我们认为，银行营销需要关注以下风险。

1. 判断风险

按照新巴塞尔协议，银行经营过程中面临市场风险、信用风险和操作风险。从营销的角度看，对客户所面临的市场风险的判断和对客户自身信用风险的识别成为银行营销管理部门和营销人员必须具备的能力和主要风险点，营销人员如果对市场和客户判断错误，会产生判断风险，会使实际的营销收益与预期产生差异，形成营销风险。

2. 定价风险

银行营销过程中，对产品和服务定价是一门学问。在银行同业竞争激烈的环境中，定价过高可能导致客户流失，定价过低又会降低银行的盈利甚至发生亏损。定价风险是一种发生在营销过程中容易被忽视的风险。

3. 道德风险

营销过程涉及很多经济活动和利益，这对营销人员的道德提出了很高的要求。例如，营销人员可能掌握了信贷资源而成为部分需要资金的客户的"公关"对象。又如，营销人员为了完成存款考核指标，采用一些不合规的手段变相高息揽储，这些都可能引发道德风险。

4. 声誉风险

银行营销人员在从事营销活动中代表了整个银行的形象和风貌，如果银行营销人员的言行举止不当，会形成不良的口碑和负面影响，给银行带来声誉风险。

1.2.2 银行营销的风险防范

通常，风险防范首先要做的是建设与风险防范相关的制度。防范营销风险也必须制度先行。

防范银行营销中的判断风险可以从两方面入手：一方面需要建立市场风险监测机制和信用风险评价标准、评价流程，逐步形成客户选择的标准化流程；另一方面需要对营销人员特别是营销风险类产品（如信贷类产品）的人员进行风险相关识别技能的培训。

金融市场的价格瞬息万变，定价风险的防范需要在总行（分行）或者联社层面成立定价管理机构，建立动态的定价机制，制定分级定价审批管理办法，并通过审计部门实施监督。

通常，道德风险和声誉风险的防范采用对银行营销人员进行持续教育并建立和完善奖惩制度的方法。

然而，更具战略意义的举措也许是银行的文化建设，有战略眼光的银行管理者通过倡导共同的价值观念、行为模式、感觉氛围和企业形象来培育银行的文化，形成全行员工的共同信念与追求。

银行文化的力量有时是难以估量的，可以有效地防范道德风险和声誉风险。

1.3 银行营销成本效益

任何经济活动都会发生成本，营销活动也不例外。通常，营销活动首先包括资金和人力等要素资源的投入，银行的营销人员必须对自己投入的金钱更负责任，学会如何用更少的钱办更多的事。

当然，追求银行的成本效益既不一定需要通过抑制银行营销活动来实现，也不一定非要通过诸如减少宣传银行品牌的传播活动来实现。银行所需要做的是改进一些营销活动的环节，剔除一些不必要的花费，提高整个过程的成本效益。

确保营销活动整合了所有的资源，并进行活动的策划和评估是获得最佳成本效益的关键所在。银行任何营销活动的重点都应该始终放在为提升投资回报率作出贡献。

1.3.1 营销成本管理

银行营销成本是在营销过程中发生的各项费用支出，是获得利润的必要投入。银行营销成本包括营销人员报酬、差旅费用、业务招待费、品牌宣传费用、产品促销费用、市场建设费用、渠道费用和培训费用等。

银行营销成本按照成本投入与营销产出的相关性分为固定成本和变动成本。例如，上述营销人员报酬中的基本工资（或者销售人员底薪）属于固定成本；按照销售业绩提成的部分属于变动成本。

银行营销成本一般采用预算控制的方法进行管理。可以分别编制营销成本总预算和各分项预算。其中，分项预算可以按照品种、区域、营销部门、营销人员和客户等维度细化。营销成本预算是营销运营成本管理的一个非常重要的环节。预算制定的好坏直接影响营销系统的正常运营。

银行营销成本预算的编制方法较多，总行和各分行及支行可以根据各自的战略目标、经营目标和费用控制目标，采用弹性预算、零基预算、滚动预算等方法。

弹性营销费用预算是根据预算期内不同经营规模，编制能够适应多种存款、贷款规模的营销费用预算。

零基营销费用预算不以历史资料为依据对费用项目的预算数进行调整，而是一切从零开始，分析各项营销费用项目的存在必要性和轻重缓急，安排各项费用额度和次序。

滚动营销费用预算将预算期与会计年度脱离，随着预算的执行不断延续补充预算，使预算期保持固定的期限不变。例如，滚动预算可将预算期始终保持在1年。

银行营销成本预算是银行营销预算的重要组成部分。银行营销预算是在预测银行计划期内存款、贷款规模以及利息和非利息收入水平，并确定未来营销成本和费用水平的基础上，预测出银行未来利润水平，以确保银行营销目标的实现。

1.3.2 营销效益分析

营销效益分析是对营销投入和产出的财务分析。通过分析营销费用投入的有效性、合理性，制定营销费用管理的规划，实施营销费用的过程管理，进行营销费用投入的分析与评估的一系列过程。

银行营销效益分析主要是对营销活动的财务分析，包括营销获利能力、营销效率、营销支出结构、营销贡献系数分析等方面。

银行的营销效益管理应逐步实施以营销人员、营销部门、营销品种、营销客户、营销区域为维度的精细化管理，构建以营销投入产出为核心的营销效益管理体系。

1.4 银行营销新理念

俗话说，良好的开端等于成功的一半。对很多银行来说，想要在市场上有所作为，抓好营销和营销风险管理可能就取得了成功的一半。

几乎所有银行都已认识到：竞争越激烈营销越重要，想要取得成功就越困难。如何突出重围战胜同业竞争对手或者与竞争对手共存是很多银行管理者苦苦思索的难题。破解营销困局的出路需要有营销新理念的支持。

营销新理念的发展日新月异，其中适合于银行营销的理念颇多，本节中我们遴选了部分理念应用于银行营销。

1.4.1 知识营销

“先传授理财知识，再营销理财产品”是典型的知识营销理念，也是很多银行用于破解个人金融业务营销困局的一剂良药。

银行产品的专业性很强，无论是个人业务还是公司业务产品都需要具备相当的知识才能正确理解与应用。在知识经济时代，知识与信息已经成为银行产品与服务中不可或缺的组成部分，直接影响客户对银行产品和服务的选择与使用。

然而，这些专业金融知识恰恰是很多银行客户，甚至是银行营销人员所不具备的，知识的缺乏、知识沟通与知识服务的不足已经成为阻碍银行营销的重要障碍。

金融创新是金融发展的潮流，金融创新下的新产品对知识的要求更高。银行营销人员若要胜任银行新产品层出不穷的营销环境，首先需要进行知识的更新和积累，同时还需要将新产品的相关知识传授给客户。既充当产品和服务的营销者，又充当金融知识的传播者。

对银行客户进行知识的传授和普及在知识营销中具有非常重要的作用。对客户进行长期甚至终身的教育与培训能够创造客户并保持客户的忠诚度。

从银行决策层和管理层的角度看，知识营销是创造和培育银行新兴市场的战略性举措，也是“供给领先型”产品和服务战略具体实施之前的一项战略储备。

知识的传授与传播会激发客户对银行产品与服务的需求，同时也会消除疑惑从而增进需求，两者叠加可以大大促进营销工作的开展，在减少困难、降低营销成本的同时树立银行的影响与口碑。

1.4.2 网络营销

有远见的银行已经将依托网络信息技术的营销列入了银行的整体战略。

沟通与营销密不可分，营销过程就是在进行沟通，同样，沟通也是为了实现营销目标。

人类相互沟通的空间距离和时间延迟由于网络的面世几乎消除。网络信息技术的发展改变了人类的生存方式和生活习惯。网络作为一种信息传输媒介，可以部分替代银行营销人员把银行的信息传递到每个网络用户，也可以实现把用户需求反馈到银行的双向信息互通。借助网络，这些信息互通可以没有延时在瞬间完成且成本低廉。

可见，网络在营销沟通中能消除空间距离，消除时间滞后，实现多方互通。毋庸置疑，网络营销在银行未来的营销中将占据越来越重要的战略地位。

电子银行的发展为网络营销开辟了新领域，在电子银行交易平台上开发具有客户服务和产品营销功能的综合社区网站便是一种在网络营销理念上产生的新的营销手段。

银行在社区网站中不仅可以发布财经信息、银行产品信息和各种促销活动信息，逐步形成具有某些特色的专业性网站和论坛，而且将在线客服、论坛、在线聊天、留言板等网络社区功能整合在一起，为客户提供双向互动的交互式服务，增加了客户对银行的依赖，使客户在办理业务的同时，还可以获得大量有价值的资讯，与银行以及其他客户进行互动交流，使银行社区网站成为有效的营销宣传阵地和窗口。

1.4.3 差异化营销

差异化是银行营销的一种理念，更是银行的战略选择。西方国家商业银行在20世纪70年代曾经遭遇了异常严峻的经营环境，面对着“金融脱媒”现象、非银行金融机构的激烈竞争以及动荡的宏观经济环境，西方国家银行普遍实施了差异化战略，并成功地走出了困境。目前，我国商业银行也面临着与当时西方国家商业银行相似的问题，缺乏核心竞争力、同质化现象相当普遍。

按照迈克尔·波特教授的企业竞争战略理论去剖析我国银行的战略定位问题，不难看出，有效的差异化战略能够帮助银行摆脱同质化竞争的压力，提高利润水平，赢得细分市场的客户，从而最终为银行在竞争中赢得优势。

差异化战略的实施，需要差异化营销理念、手段的配合。银行差异化营销的核心是“细分市场，针对目标市场客户进行定位，提供差异化服务，树立品牌形象”。

广义的差异化营销不局限于某个营销层面、某种营销手段的创新，而是涵盖产品、概念、价值、形象、推广手段、促销方法等多方位、系统性的营销创新，并在创新的基础上实现品牌在细分市场上的独特地位和占有率，取得战略性的领先优势。

同时，从长远看，银行作为高度同质化的行业，产品、服务以及管理模式上的差异化效能将会越来越弱化，缺乏品牌和文化的差异化，银行就不可能实现真正意义上的差异化。因此，高度重视品牌发展和品牌管理，提升金融服务的文化内涵和客户价值是银行遵循差异化战略的可持续经营之路。

1.4.4 精细化营销

精细化是管理的一种境界。客户需求的个性化和差异化，要求银行采用精细化营销。传统的市场细分变量，如人口统计因素、地理因素、心理因素等只能提供模糊的客户轮廓，而无法让银行确切地了解客户的真正意图，更不能作为精细化营销的决策依据。

随着银行信息搜集和分析能力的增强，许多新的客户分析技术和方法正被运用于银行营销领域，数据挖掘就是其中最先进，也是最理想的工具之一，它能够从大量庞杂的、零碎的客户资料中提炼出对银行有价值的信息。

银行通过数据挖掘的精确细分技术对客户行为模式、客户需求信息和客户价值进行准确判断与分析，采取精耕细作式的营销操作方式，将市场做深做透，从客户的某些需求出发，深入挖掘纵向延伸需求和横向衍生需求，识别客户偏好和产品服务需求。

精细化营销可以提升客户的满意度和忠诚度。精细化营销对客户最具体、细致和个性化的产品与服务需求进行了发掘，因而能提供最具针对性的产品与服务。显然，客户能够从中获得很高的服务满意度，银行从客户满意度的上升中自然会收获客户忠诚度的提高。

1.4.5 整合营销

"以市场为导向，以客户为中心"是我国银行业的座右铭和发展方向。现阶段，我国银行业处于群雄纷争的时代，整合营销正日益获得市场和客户的青睐。

整合营销是欧美20世纪90年代以客户为导向的营销思想在传播领域的具体体现。这种理论建立了以客户需求为导向的市场营销组合四要素即“4Cs”。4Cs的含义是，Customer(客户的需求和期望)，Cost(客户愿意支付的费用)，Convenience(客户购买的方便性)，Communication(客户与企业的沟通)。4Cs强调把追求客户满意放在第一位。

银行营销中的整合就是把银行各个独立的营销活动，诸如广告、宣传与公关、直接营销、促销活动、体验营销、展会、赞助和客户服务等综合成一个整体，进行一体化策划，是对银行各种营销工具和手段的系统化结合，可以根据市场环境变化进行动态修正，以便产生营销的协同效应。

整合营销可以实现银行营销资源的优化配置，可以帮助银行更好地满足客户需求和银行自身的持续发展，实现银行从观念到行为、上下各层次和各个部门的整合，有利于营销策略的整合。

整合营销可以消除银行各项营销活动独立开展、各自为政可能存在的影响营销效率和效果的不对称因素。

一般来说，银行整合营销可以实现五大对称：营销传播与银行形象对称，营销传播与客户群对称，营销传播与金融产品对称，营销传播与市场需求对称，营销传播与成本、费用对称。

可见，银行整合营销能够促进银行建立、维护和传播品牌形象，加强银行客户关系管理，实现差异化发展的战略目标。

1.4.6 营销战[①]

美国市场营销大师阿尔·里斯(Ai Ries)和杰克·特劳

① 里斯，特劳特. 营销战[M]. 修订版. 李正栓，贾纪芳，译. 北京：中国财政经济出版社，2002.

特(Jack Trout)出版了被美国企业界誉为企业营销“战争论”的著作《营销战》，提出了“营销战”的思想。

阿尔·里斯和杰克·特劳特以军事的视角，审视没有硝烟的营销战，认为市场营销就是战争，要想击败竞争对手，只把目光聚焦在客户身上是不够的，而应该在与对手的竞争中学会如何去防御、进攻、迂回和游击等战术手段，力求以智取胜、以巧取胜、以强取胜。

在营销战中，敌人就是竞争对手，客户就是要占领的阵地。不能仅凭优秀员工和优秀产品来赢得营销战的胜利，而要依靠优秀的营销战略来打胜仗。

随着银行业机构数量和规模地不断发展，我国银行业正逐步向买方市场转变，一旦金融市场的各个领域出现供过于求的现象，竞争将会趋于激烈。此时，如果我们继续沿用单纯以需求为导向、以客户为中心的思维模式进行营销，全然不顾竞争者的存在，在满足客户需求的同时不给予你的竞争对手以有力的打击，恐怕难以在营销战中存活下来。

1. 集中兵力原则

在银行同业竞争中，强者更易获得领先优势，即所谓强者恒强，守住领导者的地位远比夺取领导者的地位容易。那么，对处于竞争相对劣势的一方，就必须把战略第一原则，即集中兵力原则牢记在心，在拟进入的细分市场和需要巩固的已有市场和客户那里投入更多的兵力，形成在局部细分市场上相对于强大竞争对手的比较优势，也就是将有限的资源集中配置到这些细分市场。

2. 战地的本质

军事战斗中，战地非常重要。银行营销战的阵地在哪里？答案是：银行营销战的主要阵地既不在客户的办公室，也不在银行的营业网点，而是在营销决策管理者、营销人员和客户的头脑之中。头脑就是战场，运筹帷幄、谋定而动，在头脑中绘制反映敌我双方进攻和防御的态势图，通过营销调研明确营销战的制高点在哪里，如何占领或者守住制高点，这就是营销战地的本质。

3. 战略形式

营销战的作战方式有四种：

(1) 进攻战略。当银行想成为某个市场的领先者时，就需要采用营销进攻战，在进攻中要找到领先者强势中的弱点，并攻击此弱点。在多个市场向领先者发动全面进攻可能会力不从心，其实更可能是得不偿失的举动。尽可能专注于某一个细分市场或者单一产品，在"狭窄"的阵地上发动进攻是必须遵循的一条进攻原则。当然，进攻战需要付出高昂的代价，因为原有的市场领先者会进行猛烈的反击。例如，现阶段在我国广大的农村县域地区，农村信用合作金融机构往往占据了主要的市场份额。其他金融机构想要撼动农村信用合作金融机构的市场领先地位，需要付出的代价可能很高。

(2) 防御战。对处于市场领先者的银行，应该打营销防御战，一场好的防御战的本质是有效的进攻，即捍卫银行的市场占有率。

需要注意的是，银行自己无法造就市场领先者，只有客户认准的领先者才是真正的领先者。由于防御者居于领先地位，只有具备进攻自我的勇气，不断引进新产品和新服务取代原有的部分才能始终稳居市场领先者的地位。同时，要时刻准备阻止竞争者的强大营销攻势，防止竞争对手占据客户头脑中的阵地。

(3) 侧翼战。对于综合实力位于市场中游水平的银行，牢记“鹬蚌相争，渔翁得利”的道理非常有用。避免与实力处于上游水平的那些银行正面冲突，在无人竞争的地区展开侧翼进攻是可取的战略形式，也是具有创新性的战略。可以通过侧翼战取得某些细分市场或产品的市场份额。

本质上，侧翼战是一种奇袭。通过攻击对手的促销方式，采用低价位或者高价位的侧翼战让对手暂时措手不及，不能及时有效应对，以便突然占领某些细分市场。

(4) 游击战。对于那些综合实力弱小的银行，既无力量进攻处于市场领先地位的银行，也没有足够的实力与中等实力的银行对垒，游击战可能是唯一的出路，要找到一个细分市场，这个市场的容量应该大到足以使实力弱小的银行盈利，同时又不足以引起实力强大的竞争对手的兴趣。

偏安一隅、韬光养晦、积蓄能量是站稳脚跟的良策，当然，随时准备撤退也是游击战的一条重要原则，打不赢就走，保存有生力量，只要活着就可以东山再起，可以继续竞争。游击战的种类繁多，包括地理游击战、人口游击战、行业游击战、产品游击战和价格游击战等。

1.4.7 情报战

既然银行营销是一场没有硝烟的战争，那么，情报信息便是决定战争胜负的重要因素之一，唯有“知己知彼”方能“百战不殆”。

自古以来，情报就是军事、政治、经济斗争中的重要工具之一，具有战略意义。为了赢得营销战的胜利，重视情报、获得情报是一种十分重要的手段。

1. 情报信息的价值

银行同业及其相关情报信息是在银行经济活动的领域

内产生、传递，并通过各银行利用后，能产生直接或间接经济效益的信息。

情报信息是银行预测的基础、决策的依据，在很大程度上能决定银行的经济行为，影响银行的生存和发展。

银行的成败靠决策，正确决策的基础是预测，而预测的基础则是准确的情报信息。科学决策首先要广泛、大量地搜集情报信息，然后对其进行筛选、整理、判断、评价，以找出有用的信息，并对今后的发展方向作出准确的预测，据此制定若干备选方案，然后在几个可供选择的方案中进行比较，寻求最佳方案。决策是一个动态过程，整个决策过程从某种意义上讲就是情报信息的处理运用过程。

银行的经济活动就是要以最小的投入取得最大的产出。而情报信息则是无形的财富，是维持银行生存的廉价经济资源。同时，银行在经营活动中还要不断搜集反馈的情报信息，并以此作为决策调整的依据。如果忽视了反馈情报信息的搜集和研究，银行可能会受到经济规律的惩罚。

2. 情报的种类

1) 公开情报

公开情报占整个情报的比重极大，只要留心，任何人都可以搜集到。它的来源为：报纸杂志、产业研究报告、工商企业名录、互联网数据、行业协会出版物、财务报告和企业新闻等。它具有公开性强、搜集容易、价值较低等特点。

2) 非公开情报

非公开情报占整个情报比重很小，一般比较难以搜集。它的来源为：银行员工、经销商、代理商、客户、供应商、行业主管部门、行业协会和专业调查公司等。非公开情报的利用价值比较高，但比较难以搜集，如果可以得到这类资料，对银行制定对外政策将起到决定性的作用。

3）机密情报

机密情报占整个情报比重极小，几乎无法搜集。它的来源为：银行高层管理人员、战略合作伙伴和资讯策划公司等。它的价值巨大，但几乎无法搜集，对银行的未来方向可以起到调整的作用。

3. 情报的获得渠道

由于情报的重要作用，自古以来，为了获取有效情报，就出现了很多故事，其中西施堪称是中国古代最出色的间谍之一。错误的情报往往会误导银行并导致严重的后果。那么如何获取正确、关键的商业情报呢？

1）国家发布的公开数据和互联网

国家统计部门每年都会发布一些公开的调查数据，通过对这些数据的有效分析和利用，可以有效地掌握银行同业和客户所在的行业动态，还可以通过行业协会获得有关信息，行业协会往往通过举办行业活动等方式获取行业的资料信息，同时由于其职能特点也往往成为行业信息的集中枢纽。因此，行业协会也是获取行业整体信息的重要渠道。

2）询问关键客户

许多银行的大客户都是既使用本银行的产品，也使用同业竞争对手的产品。由于大客户的重要性和影响力，一般银行对大客户的政策都给予倾斜，包括产品价格（利率、手续费等）和授信政策等方面。大客户对各个银行的底子会十分清楚甚至了如指掌。因此询问大客户，建立客户信息交流反馈机制是捷径。

3）同业竞争对手的骨干

一个同业竞争对手的骨干人员，往往掌握竞争对手的许多机密信息，甚至核心机密。其职务越高，掌握的情报越多，从其手中获取情报的代价也越高。招募同业竞争对手的骨干人员是搜集品牌机密情报的有效途径。人员的重要性由低到高为：一线销售人员、区域管理人员、总部销售人员、品牌和销售总监等。

4）通过大型的展览活动

几乎所有的银行都会定期参加一些行业展览，在展会上会推出新的产品和制定新的销售政策。各家银行都希望通过展会提高自己的知名度和寻找潜在客户，此时，银行可以安排人员专门搜集相关资料。

5）追踪同业竞争对手的领导言行

同业竞争对手领导的片言只语，往往预示着一个重大的战略决策和行动的开始。因此，跟踪竞争品牌领导的言行，分析他们不经意流露出的信息，就能未雨绸缪。

6）通过参观或学习活动搜集情报

最可靠、最真实的情报来自最贴近、零距离式的参观学习。参观主要以投资考察或寻求合作的方式进入同业竞争对手的防范区，获得竞争对手的销售敏感信息。

7）行业咨询公司或相关机构

咨询行业日渐繁荣，咨询业在从业过程中往往因为做业务的需要获取了大量银行业的信息并对其进行了深入分析和研究，因此对银行业的机会、威胁和切入点等也比较熟悉，通过咨询公司往往可以了解到有效的银行同业信息。

总之，情报的获取是一项艰难的工作，有效的渠道是保证事半功倍的前提，核心情报的获取更可能要以付出巨大的人力和物力为代价，甚至可能要承担相当大的风险。

思 考

◇ 如何认识银行营销的本质与内涵?

◇ 银行营销风险与银行风险的联系与区别是什么?

◇ 如何在营销实践中应用银行营销的新理念?

◇ 怎样计算与评价银行营销的成本效益?

◇“以客户为中心”这一营销导向的观念在具体运用中应注意哪些问题?

第 2 章

银行营销战略规划

引言：运筹帷幄，谋定而动

战略是规划未来的方针、政策和行动计划，是为了实现特定目标而进行的一系列有意识、连续的行动。银行在发展过程中，为了应对内外环境的变化，需要制定银行整体战略，站在战略的高度，把握全局和方向，发挥竞争优势，取得成功。

营销是银行经营活动的核心内容之一，营销战略隶属于银行的总体战略，对总体战略目标的实现至关重要。

战略实施是比战略制定更为重要的过程，难以实施的战略等于一纸空文。营销是银行全体员工的公共职责。营销战略规划的实施是自上而下的动态过程，需要详细而缜密的实施计划予以配套。

2.1 理解银行营销战略

银行营销战略是银行在市场上开展营销活动的行动指南和总体纲要。

银行营销战略不论从构思、设计，还是运行与调整方面，都是围绕银行总体战略目标进行的，应该具有前瞻性、全面性和指导性等特征，并且需要随着银行经营以及环境变化动态调整。

2.1.1 银行营销战略的含义

一般来说，银行营销目标的设定应该保证银行在充分利用各种资源后，银行确定的营销目标是可实现的，具备可行性。同时，银行营销目标的实现能够对完成银行整体战略规划有所贡献。

银行决策层在总体战略的规划下，通过对银行营销的各种环境因素进行分析，从全局出发，制定出未来较长时间内营销活动目标、运营方案、实施计划等就是银行的营销战略规划。

银行营销战略包括细分和选择目标市场，开发产品和服务、分销、促销和定价活动，以满足目标市场的需要。

2.1.2 银行营销战略的类型

银行营销战略有多个层次，有参与市场竞争的战略，有如何进行目标市场定位的战略，也有产品品牌与生命周期的战略等。

银行参与市场竞争的战略有竞争型营销战略与合作型

营销战略。

(1) 竞争型营销战略。以打垮某些竞争对手，或将竞争对手挤出目标市场为出发点和目标，制定针锋相对的营销战略。

(2) 合作型营销战略。与竞争对手在某些方面合作互补，发挥各自长处，达到互惠共赢的目标，通过互相沟通制定各自相应的营销战略。

有关银行如何在目标市场定位的战略存在三种选择：

(1) 填补空缺营销战略。避开与竞争对手的直接竞争，进入尚未被开发的市场有利于银行在市场中生存。

(2) 与竞争者共存营销战略。类似于前文的合作型营销战略。

(3) 替代竞争者营销战略。类似于前文的竞争型营销战略。

产品品牌与生命周期的战略将会在第 5 章论述。

2.2 银行营销战略规划过程

银行营销的战略规划是银行整体战略规划的一部分。当银行的营销战略反映了银行各个职能领域的发展方向和管理思路，并经过各职能部门协调后，应该能够实现银行资源的优化配置。

通过对银行营销战略的实施与控制，不仅有助于银行营销目标的实现，也有助于银行整体战略目标的实现。

通常，银行需要分析自身的优势(Strength)和劣势(Weakness)，辨别银行面临的机会(Opportunity)和威胁(Threats)，也就是通过做好 SWOT 分析，确定银行的使命和目标、整体战略、营销目标、营销战略规划及具体计划。

银行战略规划的过程应贯穿市场导向，以满足客户需求、创造客户价值为出发点和归宿。图 2－1 展示了银行整体战略规划的组成内容。

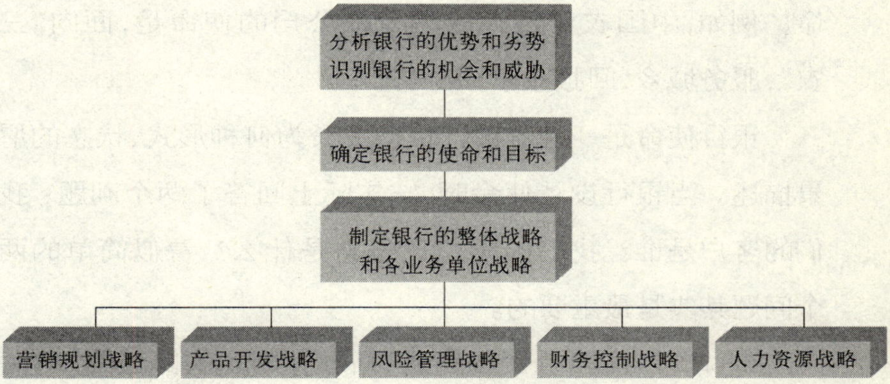

图 2－1　银行整体战略规划的组成

如图 2－1 所示的银行战略规划以对银行的 SWOT 分析为起点，在分析的基础上确立并修正银行的使命和目标，然后制定银行的整体战略以实现这些目标。紧接着，银行的每个职能领域，营销、产品开发、风险管理、财务控制、人力资源等都建立各自的目标并制定相应的子战略。每个职能领域的子战略必须围绕和支持银行整体战略的实现。

2.2.1　评估银行的资源和机会

制定银行营销战略规划，首先需要对营销环境进行分析。竞争、经济、政治、法律、社会文化等都是影响营销战略的环境因素。我们将在本章全面分析这些因素对银行营销战略规划过程的影响。

同样，任何战略规划的制定，都必须建立在对于各类资源要素的合理评估基础之上，还需要对市场机会进行辨识。当某种环境和时机的组合正好适合银行在目标市场采取行动时，市场机会便悄然而至。

2.2.2 建立银行的使命和目标

相比一般的企业，银行肩负更多的社会责任和社会使命。例如，中国农业银行股份有限公司的使命是，面向“三农”，服务城乡，回报股东，成就员工。

银行使命是一种对银行希望成长为何种形式、状态的愿景描述。当银行设计使命时，它实际上回答了两个问题：我们的客户是谁？我们的核心竞争力是什么？看似简单的两个问题其实是最重要的。

银行的目标源于使命描述、指导计划和实际工作，它关注银行追求的最终结果。银行的使命描述集合了努力向客户提供高质量的产品与服务、具有稳健的财务状况和承担社会责任等。

“勇于承担、深化发展、诚信经营、价值回报、信贷导向、热心公益”六个方面的实践体现了我国商业银行的社会责任。

2.2.3 建立银行和各业务单位战略

任何银行的战略规划都需要分出层次，银行的战略规划包括银行整体战略、业务单位战略和营销战略。为了银行的使命，业务单位战略和银行整体战略应保持一致，营销战略与业务单位战略和银行整体战略必须协调一致。这些层次的关系如图 2－2 所示。

银行整体战略决定了在营销、产品、风险、财务、人力资源这些职能领域，为了达到银行目标而利用资源的方式。银行整体战略决定了业务范围、资源利用、竞争优势和各职能领域的协调。

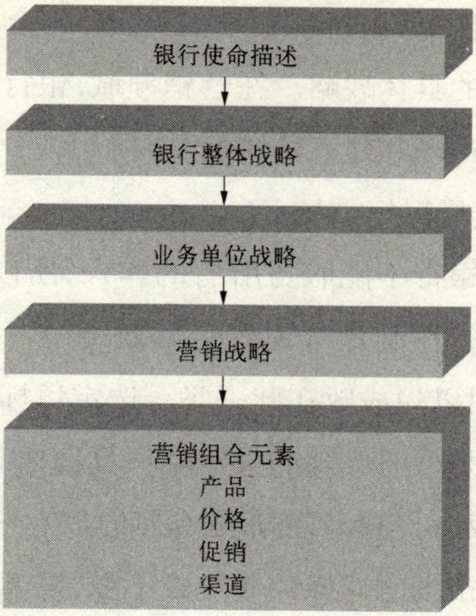

图 2-2 银行战略规划的层次关系

制定银行整体战略需要考虑银行文化、竞争、差异性、多样性、各职能部门的联系以及环境等因素，使银行资源与环境所提供的机会相适应，并能应对可能造成的威胁。银行整体战略还包括划分各业务单位的范围，使它们与银行希望达到的最终愿望相协调。

银行各业务单位也需要建立相应的子战略。银行的业务单位可以是独立核算的一个产品或部门等形式的利润中心。例如，为了更好地服务中小企业，解决困扰我国经济发展的中小企业融资难问题，不少银行成立的独立核算的小企业金融服务部门就是一个业务单位。

从银行精细化管理的要求和发展方向看，在银行内部划分业务单位，进行独立考核有利于摆脱粗放经营，提高效率和竞争力。事业部制组织架构的发展体现了这些要求。

2.2.4 发展银行营销战略

银行整体战略规划的下一阶段是为银行各职能领域建

立战略。例如，银行需要制定产品、风险、财务、人力资源等职能领域的具体战略。在营销领域，银行战略规划一般包括选择目标市场和建立营销组合。

1. 选择目标市场

由于银行不能服务所有的客户，所以，选择合适的目标市场是银行在制定营销战略规划过程中的一个最重要的决策，几乎可以说成败在此一举。选定目标市场和设计适当的营销组合是战略成功的关键。一旦选错了目标市场，一切营销的投入和付出都可能浪费包括时间在内的所有资源。

目标市场的选择并非一成不变，需要根据环境和银行自身状况的变化而不断改变。市场瞬息万变，目标市场的选择应该与时俱进。

在选定目标市场时，银行需要评估进入这个市场对银行的销售带来多少增长，增加的营销成本和维护成本，以及产生多少利润等因素。

2. 建立营销组合

一个成功的银行营销战略规划设计，需要建立能够满足目标市场客户需求的营销组合。

营销组合即营销手段，是市场营销中的一个基本概念，是指银行根据客户的需求和银行的营销目标来确定可控营销因素的最佳组合。

这里所说的营销因素包括：产品(Product)功能、品牌；价格(Price)；促销(Promotion)；分销(Place)；政府权力(Power)；公共关系(Public Relations)；探查(Probe)即市场调研；分割(Partition)即市场细分；优先(Priorition)即选出目标市场；定位(Position)即为自己的产品赋予一定的特色，确立竞争优势。

2.2.5 设计银行营销计划

银行营销战略规划过程最终产生了营销计划。营销计划是指评估营销资源和机会，决定营销目标，制定营销战略，完成和控制营销活动的具体文件。

通常，银行营销计划按照时间长短可以分为1年以内的短期计划，1～5年的中期计划，5年以上的长期计划。

我们经常说“计划没有变化快”，似乎银行营销计划的重要性正在逐步降低，然而，一份明确清晰的计划是银行营销管理和营销人员互相沟通、协调一致的基础，它包含了如何将银行的营销资源合理分配的具体方案，营销管理部门还可以据此评估营销活动的绩效。

对于一家具有战略眼光、管理日趋规范的银行，营销计划对于营销工作的指导作用相当明显。实践表明，随着市场环境不断变化，银行的决策越来越复杂，盈利能力和生存将更加依靠长期营销计划的建立。

银行的营销计划可以按照总行或者分行（支行）为单位制定，也可以根据某个准备推介的具体产品和服务项目来设计，或者针对某个具体的地区和客户群体编制。

1. 营销计划的构成

营销计划一般包括以下几项内容：

（1）概要。概要包括对计划的介绍、计划主要内容的说明、实施计划的成本预算等。

（2）环境分析。提供银行目前在营销环境中的地位、目标市场以及银行绩效的信息。

（3）SWOT分析。SWOT分析主要用于营销环境分析。

（4）营销目标。营销目标阐述了银行在营销活动中要完成的内容，是制订营销计划的基础。

(5) 营销战略。在营销计划中概述如何实现营销目标，包括选择目标市场和建立营销组合。

(6) 营销执行。营销执行概述营销战略如何实施，阐述在什么时候，具体采取什么行动，如何采取行动，谁负责完成行动。

(7) 评估和控制。营销计划最后需要提供评价计划执行的绩效考核标准，评估营销计划是否起到作用并实施控制行为。

2. 营销计划的实施

营销计划的设计是营销战略规划的重要阶段，但是，营销计划的具体实施可能更值得关注。编制营销计划时所搜集和依据的信息在计划实施时可能会变化，因此，计划应该具有足够的弹性，以便在实施中进行调整。

2.2.6 制定具体的营销方案

制定具体营销策划方案是一项非常系统的工作，必须要有严密的组织，严谨的工作步骤。

总地来看，制定具体营销方案必须依据银行当前的经营目标，结合银行的现状及营销工作的实际。其核心是了解市场的本质、了解自己及了解竞争对手。

作为营销具体方案的第一步就是了解需求、分析需求和确定需求。需求是一切营销工作的起点。银行在对需求进行认知后，先对内外部的环境因素进行分析，再考虑营销具体方案的第二步即确立目标。

目标确立是营销具体方案非常关键的步骤，其真实性如何将直接影响后续策划工作的进程乃至整个决策、策划工作的成功与否。就目标本身而言，它既不能与银行的整体目标相抵触，也不能高于或低于目标；同时，既要有总体目标，也要有分阶段的实施目标。

营销具体方案的第三步即调研工作。调研工作必须涵盖整个营销方案所要求的要素。同时，要求调研者必须具备基础的经济学理论素养，具有丰富的市场营销学、管理学和心理学知识，具备较强的调查能力与总结性写作能力。

经过调研后，往往会因为调研的性质、方向、目的等因素的差异而形成不同的方案。于是就进入营销具体方案的第四步即决定可供选择的方案。每个方案都有其优点和缺点，这就需要策划者对各种方案进行分析，决定可供选择的可行性方案。这个过程要求策划者具有前瞻性和理性的判断能力。

在决定可供选择方案后，要进行各种备选方案的评估，这是营销具体方案的第五步。对初步选定的各种备选方案进行评估，分析各个方案的优点、缺点以及企业的实施情况，确定各种方案的优劣次序排列，为选择方案做好准备。

进行方案评估后，应综合评估意见，结合银行现状，从备选方案中确定一个最优方案。该方案的选择必须确保能体现营销的核心思想，能够指导营销实践，改善营销的现状。

营销具体方案制订后，应围绕方案拟订执行计划。该计划的拟订应尊重客观实际，有详细的时间表，有明确的分工执行计划，有突发状况的预警系统和应急预案。

以上就是制定营销具体方案的全过程。

2.3 组织实施营销方案

战略执行是国内银行面临的最大管理挑战之一。多数银行的决策层为他们的银行制定了宏伟的战略规划，但这些战略究竟实施了没有？实施的结果又是怎样？

《哈佛商业评论》曾经做过一项调研，通常企业只能获得其财务承诺结果的61%，也就是说其战略目标并没有完全实现，更为严重的是，有半数的企业高层坦承并不知道问题出现在哪里。换言之，如果企业无法有效地实施战略，制定得再完美的战略也不能为企业带来实际价值。

2.3.1 营销方案实施保障

营销方案的实施是关键性环节。首先，营销方案的实施必须建立保障体系。营销方案的保障体系包括制度保障、流程保障、权限保障和资源保障。

1. 制度保障

制度保障中与营销方案实施相关的制度较多，主要包括以下两种：

(1) 绩效考核制度。这种制度是将营销计划要达到的目标与营销人员的绩效考核联系起来，由此规范营销人员的行为围绕营销目标开展工作，使营销计划落到实处。

(2) 部门协作制度。这种制度是围绕营销计划的重点，解决好各部门之间的协作关系，在部门之间确立合作关系，明确责权利，另外也可以采取项目小组的形式开展工作，提高营销计划的运作效率。

此外，一些职能性管理制度，如营销推广管理制度、区域管理制度、渠道管理制度、销售业务管理制度等，这些制度一方面是为营销人员提供了开展工作的规范；另一方面则是为衡量营销人员的工作成效提供了标准。另外，管理制度还影响着营销人员的思想意识和行为模式。

2. 流程保障

流程保障主要包括以下内容：

(1) 围绕营销计划的关键业务内容优化运作流程。营销关键业务流程的优化甚至重组，将对营销计划的有效实施有着重要的作用，往往一份营销计划是好的，但在实际运作过程中，由于业务流程的运作不合理，造成营销计划实施的效率低下，从而直接影响营销目标的实现。

(2) 通过重组业务流程调整部门结构。在一些关键性的业务流程中，如营销推广流程、营销计划流程、需求处理流程等，其运作效率的高低，反映着整个营销组织结构和部门职能是否合理。因此，需要对业务流程进行重组，确保所设计的业务流程能使银行高效运转。

3. 权限保障

权限保障主要包括以下内容：

(1) 权限保障是对各部门业务职能的落实。营销计划的有效执行很大程度上取决于各部门能否充分发挥各自的职能，营销计划在实施时，一定要赋予各部门相应的权限，否则将会影响营销计划执行的效率。

(2) 总行和分行(支行)之间的权限分配。总行对于营销计划应该强化专业方面的权限，而分行(支行)对于执行营销计划则应该加强针对性方面的权限，使营销计划在执行过程中可以得到很好的整体配合。

(3) 营销计划各项业务活动的权限分配。这也就是对营销计划中的业务内容进行合理分配，使各个职能部门都能找到相对应的工作内容，主要是解决业务活动开展过程中的决策权限，如新产品研发由哪个部门领导和推动，营销计划由哪个部门分析、整合和落实等。

4. 资源保障

资源保障主要包括以下内容：

(1) 为实现营销计划的目标配备各种必需的资源。虽然营销计划包含了费用预算，但往往有些项目所分配到的资源并不能保障计划的实现，而且有时银行在面对市场占有率下滑的状况时，往往不再按原先制定的营销计划进行，会把费用倾斜到能立即提升经营业绩的项目上，但这可能是一种短期行为。

(2) 对关键项目的资源保障。营销计划中的有些项目是事关银行整体战略的关键性项目，但是在费用预算上却不一定有相应的分配；有的银行在营销计划中准备在某些地区实施深度分销，但可能受困于机构网点的布局限制而无法做到深度分销，只能采用粗放经营模式。因此，在营销计划实施中，一定要通过制度对关键项目进行确定，并与绩效考核结合起来，通过政策来加以保障，使营销目标能够得以顺利实现。

2.3.2 营销计划的分解

1. 营销计划的分解是使计划得以有效执行的最佳方法

(1) 把握营销工作重点。营销计划中对业务内容的要求是总体性的，只有对其进行分解，才能找到其中包含的重点，以便营销计划的实施。

(2) 体现营销计划实施的效果。为了持续推动营销计划的执行，需要使营销人员能及时看到效果。将营销计划进行分解，就是将目标进行分解，使营销人员看到通过自身努力达到的成绩，从而提高工作的积极性，而不是长久都看不到营销计划实施的效果，影响工作的心态。

(3) 使营销计划落实到最基层。将营销计划分解可以使一线营销人员容易领会其重点，使他们在不同推广阶段能按照单一的目标进行努力，而不是面对众多目标分散工作精力。

(4) 便于对营销计划效果进行评估。通过对营销计划的分解可以从营销计划任务的不同方面分别评估营销人员的成效，防止单一目标评估可能存在的片面性。例如，银行的营销人员已经认真实施营销计划，但由于竞争对手的攻势而造成营销目标尚未达到，如果没有对营销计划分解便进行评估，可能会认为营销人员的工作不尽职，但这其实不一定符合实际情况。

2. 营销计划的分解方式

银行营销计划可以按照多种方式进行分解，实践中一般有以下几种分解方式：

(1) 按时间分解，银行营销计划可以分为月计划、季度计划、半年计划和年度计划。

(2) 按区域分解，银行营销计划可以分为省级区域、地级区域和县级区域。

(3) 按项目分解，银行营销计划可以分为广告宣传、促销活动和上门营销等。

(4) 按产品分解，银行营销计划可以分为存款类产品、贷款类产品、票据类产品、理财类产品等。

(5) 按渠道分解，银行营销计划可以分为机构网点营销、上门营销、电子渠道营销等。

2.3.3 营销活动评估

营销活动需要耗费银行资源，是一种投入，从投入产出的角度看，银行应该评估营销活动的效果。对银行营销活动的评估通常可以采用客观评估法和主观评估法两种方法。

1. 客观评估法

通过银行经营的实际指标反映营销的效果。银行通过客户调查可以分析客户对银行态度、认知的变化，以此衡量广告宣传、客户沟通的效果。银行通过市场占有率和市场竞争力分析判定自身市场地位的变化。通过经营情况和盈利能力的前后对比分析了解营销的实际效果。

2. 主观评估法

通过对银行员工营销理念的转变程度、营销组织架构的改进、营销信息沟通、营销战略导向和营销效率等方面的评估判断营销的效果。

思 考

◇ 银行营销战略规划各组成部分有哪些相关性？

◇ 银行如何在整体战略、业务单位战略和营销战略层次上建立竞争优势？

◇ 怎样组织、实施和保障银行营销方案的推进？

◇ 营销计划的分解方式与营销活动评估方法有哪些？

◇ 在营销战略规划过程中怎样运用 SWOT 分析法？

第 3 章

银行营销环境

引言：适者生存，顺势而为

任何营销活动都处在特定的自然和社会环境中，银行的生存和经营环境总是处于不断的变化之中。适者生存意味着只有那些最适合于周围环境的银行才能生存下来。

银行营销活动直面环境，与周围环境的交流和碰撞最多。认识银行所处的环境，把握环境的变化及其规律，制定应对环境变化的各种策略和预案是银行的生存法则。

在所有行业中，银行客户群体的分布面也许是最广泛的。银行业几乎渗透到政治、经济、社会、文化和人类生活的所有领域。因而，银行所要面对的环境也是最为复杂多变的。

对环境的理解与把握是银行面临的一大挑战。

3.1 什么是银行的营销环境

银行的营销活动首先是一种人力、财力、品牌、人脉关系等资源和要素的投入，然后是与客户达成使用银行产品和服务的交易并最终形成利息收入、非利息收入等的产出。

银行进行营销活动时，受到来自银行内外的各种环境因素的影响，这些环境因素纷繁复杂，很多是银行所无法控制的。有来自宏观的环境因素，也有来自微观的环境因素；有来自外界的环境因素，也有来自银行内部的环境因素。有些因素可能给银行的营销活动造成威胁和制约，也有些因素可能为银行创造新的市场机会。因此，关注影响营销活动的环境因素，分析判断环境因素对银行经营活动各方面的影响关系到银行营销的成败。

3.1.1 银行营销环境的含义

在银行整个营销活动中直接或者间接影响一家银行获得投入(人力、财务、信息、政策)，创造产出(金融产品、服务、创意)的各种因素都可以看成是银行的营销环境。它涵盖了竞争、经济、金融政策、政治、法律、法规、技术和社会文化等宏观领域，也包括银行内部环境、客户、中间人、竞争对手和社会公众等微观领域。

一般认为，直接影响银行经营的环境因素包括金融政策、法律、客户、竞争者、市场等；间接影响银行经营的环境因素包括政治、经济、人口、社会文化、科学技术等。

营销环境的变化给银行的营销活动和营销决策带来了不确定性、威胁和机会。银行需要不断根据变动的环境因素改变营销战略和计划，因此，是否对环境因素的变化进行监测影响到一家银行的生存和长远发展。

对环境因素的监测能获取很多信息，对这些信息的评价与解释就是对环境的分析。环境分析可以帮助银行调整营销战略以适应环境的变化。

3.1.2 宏观营销环境

一般认为，宏观营销环境主要包括人口环境、经济环境、金融政策环境、政治环境、法律和法规环境、技术环境以及社会文化环境等对银行生存发展造成影响的社会力量。

人口环境决定了银行个人金融业务目标市场的规模和容量。人口的数量、年龄结构、性别、文化程度、家庭单位等因素对银行个人金融业务影响巨大。

经济环境对银行的生存和经营活动产生影响。银行是较为典型的周期性行业，受经济总量和经济发展趋势的影响很大，当经济运行发生周期性变化时，银行的经营环境和营销策略也应随之调整。

金融政策环境对银行经营的影响更为直接，货币政策的变化对银行产生直接影响。例如，当利率政策、汇率政策、存款准备金率政策和公开市场操作等发生变化时，都将改变银行的生存环境。

政治环境涉及政局的稳定性、政治体制、制定的各种方针政策等，体现了国家发展经济、调控经济的基本思路。政治环境对银行确定发展思路、制定发展战略、经营目标和方向产生影响。

法律和法规环境包括与银行经营有关的各项法规、法令和条例等，它决定了银行营销活动应该遵循的行为准则。银行只有严格按照国家制定的法律、法规行事，尤其是遵照中国人民银行和银监部门制定的业务规范进行操作才能做到合法、合规。

技术环境对银行的营销方式影响很大。例如，随着信息技术和网络通讯技术的发展，银行的营销活动也可以通过互联网实现。随着计算机技术和数据挖掘技术的发展，银行可以采用精细化营销方式。

社会文化环境较为复杂，而且不如其他环境因素那样显而易见，比较难以把握，也很容易在营销中为银行营销人员所忽视。但是，社会文化习俗和传统对客户的行为方式和价值观影响很大，宗教信仰存在一些禁忌，这些都是银行营销人员应该关注的环境因素。

3.1.3 微观营销环境

银行营销的微观环境一般包括银行内部环境、客户、中间人、竞争对手和社会公众等。

银行内部环境包括银行的营销战略与理念，内部的组织架构设计和部门职能划分，尤其是营销部门的机构设置和相关职责的确定对营销计划的实施影响很大。

客户是银行服务的对象，客户规模和需求的变化对银行确定目标市场，进行市场定位产生根本性的影响。

银行向客户营销产品和服务有时需要借助于中间人，这取决于银行的分销策略。例如，部分农村金融机构聘请的农户信息联络员相当于中间人，可以起到帮助银行发掘客户、沟通信息的作用。

竞争对手是可能对银行造成致命影响的环境因素。由于银行产品的同质性特点，竞争对手对银行市场和经营的影响很大，一些银行就是因为优质客户被竞争对手吸引过去而陷入经营困难。

社会公众是银行的现实客户和潜在客户，是银行经营的基础环境。与社会公众保持良好关系，树立良好的社会形象是每家银行的日常工作。

3.2 营销环境与银行营销策略

营销环境及其变化制约了银行的营销活动，甚至威胁银行的生存。由于很多环境因素是银行无法控制和改变的，所以，适应环境变化，调整营销策略是银行秉承“顺势而为”原则的一项经常性工作。

当然，银行也可以利用自身的资源和智慧设法影响和引导某些环境因素朝着对自己有利的方向发展。例如，银行通过有计划的广告宣传、公共宣传和与社会公众保持良好的公共关系等方式，引导客户偏爱自己的产品和服务，以改变竞争环境对自身的不利影响。但是，毕竟银行对多数环境因素无法控制，而且营销环境复杂多变，因此，银行建立能够适应营销环境的柔性组织架构和营销体系是应对复杂环境的基本策略。

3.2.1 竞争环境与银行营销策略

我国银行业近十年的发展令人瞩目，无论是资产和信贷规模、从业人员和机构网点数量的增长速度都远远超过了经济增长。银行业的超常规发展导致了“僧多粥少”的局面，也使同业间激烈竞争成为银行面临的现实环境。

品牌竞争和产品竞争是两种主要的竞争类型。遗憾的是，困扰我国多数商业银行的两大顽疾恰好就是产品和服务的同质化竞争趋势以及普遍缺乏品牌竞争力。

缺少了品牌和产品竞争力的银行业在竞争中陷入了迷茫和无序，多数银行只能依靠与客户和政府部门长期积累而形成的人脉关系、提高服务质量、降低服务价格、馈赠物品等手段参与竞争。

在有些地区，各家银行互相争夺优质客户资源，甚至互相挖角银行专业人才已经达到了公开化、白热化的境地。有些地区甚至出现了变相高息揽储；采用虚假宣传手段欺骗和误导客户；歪曲、诋毁同业竞争对手；违反监管规定，降低贷款标准和条件开展授信营销或提供各种承诺以争揽客户的不正当竞争行为。

仔细分析后可以发现，银行竞争中乱象丛生的根源在于不少银行的发展战略和市场定位过于笼统，不准确，没有在比较同业和市场细分的基础上进行动态调整，没有制定并落实具体的战略实施规划，没有在资源配置、体制优化、组织架构和管理流程再造等方面深入研究，以适应市场需求及其变化。

关注竞争环境、竞争对手的行动来判断对手的战略是银行营销管理部门的重要工作，为此，银行必须设立专门的岗位甚至部门进行分析。同时，银行应该开发一套能够搜集并分析竞争对手现有信息的系统，了解客户的需要，了解竞争对手满足客户需求的方法。搜集竞争对手的信息使银行营销管理部门能够评估自身营销活动的绩效，认清自身的优势与劣势、市场份额、费用水平、产品与服务创新的动向等，这些信息将有助于银行调整现有的营销战略或制定新的营销战略。

3.2.2 经济环境与银行营销策略

经济发展状况影响整个社会所有的自然人和非自然人。经济因素的变化同时影响银行、客户和相关第三方的决策与活动。

经济的波动具有周期性，传统的观点认为，经济周期包括繁荣、衰退、萧条和复苏四个阶段。

一些行业的景气程度与经济波动的周期相关性较强，被称为是周期性行业。以传统信贷业务为主的我国大多数商业银行也呈现出明显的周期性特征。

在繁荣阶段，由于投资和消费都很旺盛，全社会的资金需求较大，银行通常会扩大信贷资金的投放，尤其是对周期性行业的资金投放会增加。在营销策略上通过增加分销机构、网点的设置和开展促销活动来增加市场份额。

在衰退阶段，社会总需求会因为悲观的预期受到抑制，社会资金需求大幅回落，一些银行错误地大量减少营销活动，从而削弱了自身的生存能力，这恰恰是致命的战略性失误。在衰退阶段，对银行而言能够生存下来是第一位的。在这一阶段，银行应该减少对周期性行业的信贷投放。银行的营销策略也应修正，把营销重点放在对市场需求的精确细分和精确筛选非周期性和反周期性行业中的目标客户上。

如果长期陷入衰退就会变成萧条。在衰退阶段，整个社会普遍对经济缺乏信心，社会资金需求在低位徘徊，银行的营销策略应该选择低成本、针对性强、更精确的营销模式。在目标市场选择上更关注非周期性行业。

在复苏阶段，经济的增长逐渐改变了人们的预期，社会资金需要量也会上升。在这一阶段，银行的营销策略是关注哪些行业率先复苏，择机进入投放信贷资金。同时，银行也可以开始关注一些周期性行业的机会。但是，判断经济复苏的快慢和能够达到的繁荣水平是一个难题，所以，在这个阶段，银行的营销战略在行业准入上应该保持弹性以便根据各行业的复苏前景及时调整。

3.2.3 金融政策环境与银行营销策略

对于以信贷业务为主的我国商业银行，宏观金融政策对银行的整体战略、营销战略和日常经营活动的各方面都会产生直接且巨大的影响，是影响银行最重要的环境因素之一。

货币政策是一个国家主要的宏观金融政策，用于稳定货币供应和金融秩序，实现经济增长、物价稳定、充分就业和国际收支平衡的宏观经济政策目标。

货币政策工具包括法定存款准备金、贴现率、公开市场业务以及利率政策和汇率政策等，大体可以分为价格工具和数量工具两类：

（1）价格工具集中体现在利率或汇率水平的调整上。

（2）数量工具用于货币供应量的调整，包括公开市场业务的央行票据、存款准备金率的调整等。

1. 法定存款准备金率的调整会影响流动性，间接调控货币供应量

当中央银行降低法定存款准备金率时，金融机构可用于贷款的资金增加，社会的贷款总量和货币供应量也相应增加。这种宽松货币政策的目的一般是刺激经济增长，此时银行应抓住机遇，营销策略应在风险可控的前提下注重贷款客户的拓展和挖掘。

当中央银行提高存款准备金率时，社会的贷款总量和货

币供应量将相应减少。这种紧缩的货币政策一方面可以提高金融系统的支付能力；另一方面可以抑制流动性过剩或控制通货膨胀。此时，银行的营销策略要加大存款的营销，进行促销和分销以保证信贷能力，同时，关注贷款客户的经营风险。

2. 利率政策是中央银行调整社会资本流通的手段

利率政策可以在一定程度上调节社会资本的流量和流向，从而导致产品结构、产业结构乃至整个社会经济结构的变化。同时可以刺激或约束企业的融资行为，促进企业合理筹资，提高资本的使用效益。

利率上调有助于吸收存款、抑制流动性、抑制投资热情、控制通货膨胀和稳定物价水平。利率上调时，银行应该采取的营销策略是加大存款营销，稳定存款的存量，改善存款的期限结构，提高定期存款的比例。利率上调时，对贷款客户应该关注其财务风险和行业周期性，从经营状况特别是毛利率的变化来控制风险，进行筛选和取舍。

利率下调有助于刺激贷款需求、刺激投资和推动经济增长。

当经济处于衰退或者陷入长期萧条时，政府往往会采取低利率的政策。低利率政策减轻了企业的债务负担，为市场提供了充足的资金，但其负面影响也是不容忽视的。

例如，长期维持很低的市场利率会导致整个经济体系内到处充斥着廉价的资金，从而引发资产价格的恶性膨胀，形成泡沫经济。美国联邦储备系统（简称美联储）前主席格林斯潘推行的低利率政策促成了美国房地产的畸形繁荣，为美国次贷危机的爆发埋下种子，就是很好的例证。

利率这个经济杠杆的使用需要权衡利弊，在什么时间、用什么幅度调整需要高超的艺术和智慧。

低利率下的银行营销策略是重点抓住存款类相关产品的营销，利用分销渠道和促销手段（如增值服务等），尽量减少存款流失，确保信贷能力，同时应关注贷款客户的长期行业风险，控制贷款期限。

3. 汇率政策被用于控制进出口贸易，调控国际资本的流动以达到国际收支均衡

汇率政策是指一个国家（或地区）政府为达到一定的目的，通过金融法令的颁布、政策的规定或措施的推行，把本国货币与外国货币比价确定或控制在适度的水平而采取的政策手段。

在现行汇率机制下，汇率波动会影响商业银行的交易账户和银行账户，使银行持有的汇率敏感性资产和负债产生增值或减值的汇率风险。

交易账户中以外币计价、结算的金融工具的（人民币）市值，会随着人民币对主要外币汇率的波动产生汇率风险。

银行账户中的外汇存款、外汇贷款、同业外币拆借、投资性外币债券等，也会随着人民币汇率的升值或者贬值而产生增值或减值的汇率风险。此外，我国商业银行还可能面临币种错配风险。

汇率波动也使银行客户面临的外汇风险上升，增加银行受损的可能性。汇率波动不仅会直接影响银行的敞口头寸，也会通过影响银行客户的财务状况而对银行的资产质量和盈利能力带来影响。例如，从事国际贸易的银行信贷类客户会因汇率波动而导致盈亏，产生经营风险，由经营风险引发信用风险，使银行的信贷资产质量下降，甚至产生问题贷款。

银行应该把握各主要币种（美元、欧元和日元等）兑换人

民币汇率变动的中长期趋势，分别制定人民币对各主要外币处于升值阶段和贬值阶段的外汇资产和外汇负债的营销策略。制定具体营销计划时，通过对外汇汇率风险敞口计算来控制敞口风险，调整外汇资产和外汇负债的规模及比例。采用限额管理控制交易账户的汇率风险，运用资本覆盖控制整体汇率风险。

3.2.4 政治环境与银行营销策略

政治环境是银行营销活动的外部政治形势，是重要的宏观环境因素，它引导着银行营销活动的方向。一个国家的政局稳定与否，会给银行营销活动带来重大影响。如果政局稳定，人民安居乐业，就会给银行营销创造良好的环境。例如，在境外开设分支机构或者在信贷类及贸易融资类外汇业务的营销活动中一定要考虑东道国政局变动和社会的不稳定性可能造成的影响。

政治环境对银行营销活动的影响主要表现为政府所制定的方针政策，如产业政策、人口政策、能源政策、物价政策、财政政策和货币政策等。银行的营销策略应密切关注国家的政治形势及其动向对企业和个人的投资行为和消费行为的影响，从而调整存款和贷款的营销策略和活动。例如，国家支持和鼓励某些产业发展时，这些产业领域存在投资机遇和资金需求；而当国家限制某些产业领域发展时，该领域存在衰退的风险，应该限制并压缩信贷的投放，银行在贷款营销时应关注这类行业和领域可能存在的政策性风险。

3.2.5 法律环境与银行营销策略

法律环境是政府所颁布的与银行经营有关的各项法规、

法令和条例等，它是银行营销活动的准则，银行只有依法进行各种营销活动，才能受到国家法律的有效保护。

实际上，银行营销面临的政治环境和法律环境关系密切，法律和法规反映了特定时期的政治状况。银行的营销管理者必须关注政治环境，熟知有关的法律，尤其是中国人民银行和银监部门出台的各项法规，才能保证银行经营的合法性，运用法律武器来维护银行与客户的合法权益。例如，对在境外开设分支机构的银行和从事国际业务营销活动的银行来说，不仅要遵守本国的法律制度，还要了解和遵守国外的法律制度和有关的国际法规、惯例和准则。

3.2.6 技术环境与银行营销策略

说到技术一词，可能会使我们想到科技进步。确实，个人计算机、移动通讯、互联网以及物联网的诞生和飞速发展改变了人类的生活方式，也使营销方式、手段、渠道产生了变革。例如，信息通讯领域的技术革命，使银行的营销人员可以采用多种媒体更快速、直接地接触客户，电子邮件、移动通讯可以帮助营销人员与客户保持更频繁、密切的联系，有利于客户关系的维护与拓展。

网络营销是近年来随着互联网技术进步而发展起来的一种新型营销方式。网络营销成本低廉，跨越时空将银行与客户联结在一起，使银行与客户的信息传播和交换变得易如反掌。

网络媒介具有传播范围广、速度快、无时间及地域限制、无版面约束、内容详尽、多媒体传送、形象生动、双向交流和反馈迅速等特点。网络媒介有利于提高银行营销信息的传播效率，增强银行营销信息的传播效果。

网络时代银行的营销策略应该充分利用技术发展带来的营销方式的创新成果。通过银行官方网站、搜索引擎、财经网站、门户网站以及支付网站培育银行品牌，借助网上营销、搜索引擎营销(SEM)、E-mail 营销、短信营销、博客营销、QQ 群营销、微博营销、问答营销、论坛营销、社会化媒体营销、口碑营销、网络广告、网络事件营销、数据库营销和电子杂志营销等新型营销方式快速、高效地拓展市场，赢得客户。

3.2.7 社会文化环境与银行营销策略

银行的营销活动受到所在地区社会文化环境的影响和制约。社会文化环境是在一种社会形态下已经形成的价值观念、宗教信仰、风俗习惯、道德规范等的总和。任何一家银行的总行或分行、支行都处于一定的社会文化环境中，因此，银行应了解和分析所在地区的社会文化环境，针对不同的文化环境制定不同的营销策略，组织不同的营销活动。为此，银行可以从以下几个方面入手。

1. 教育状况

受教育程度的高低，会使客户对银行产品和服务的需求产生差异，对银行营销人员的专业素质、文化素养和营销方式的要求产生差异。这一点在个人金融业务的营销中尤为明显。因此，银行在目标市场开发、产品定价和促销等活动中都要考虑客户所受教育程度的高低，采取不同的策略，安排不同特点的营销人员实施营销。

2. 宗教信仰

宗教是构成社会文化的重要因素，有时候，宗教习俗对客户的需求和行为影响很大。不同的宗教有自己独特的对节日礼仪、商品使用的要求和禁忌。为此，银行在营销活动中要特别注意不同地区和不同客户群体的宗教信仰差异，尤其是一些宗教的特殊要求、习俗和禁忌，避免由于矛盾和冲突给银行带来损失。

3. 价值观

价值观是人们对周围各种事物的态度、评价和看法。从社会心理学的角度看，价值观既是个体的选择倾向，又是个体的态度。不同文化背景下，人们的价值观念往往有着很大的差异。例如，银行营销个人金融产品时就必须考虑客户的价值取向和风险偏好差异。

3.2.8 银行内部环境与银行营销策略

银行营销的内部环境包括营销战略与理念，营销的组织架构和职能设置与职责落实，特别是营销体系的机构设置和相关职责。

银行的营销工作需要各部门通力合作才能取得成功。例如，营销成功一笔公司业务贷款，需要营销部门、授信部门、信贷管理部门、风险控制部门、合规部门以及财务部门和信息科技部门紧密配合，互相协作才能完成。

根据内部环境的特点，银行的营销策略是营销部门在制定和执行营销战略、营销策略过程中与其他各有关部门积极沟通、相互配合、协作完成整个营销流程。

3.2.9 中间人与银行营销策略

银行的分销渠道有时需要借助于中间人向客户营销产品和服务。中间人一般充当联系银行与客户、政府部门、行业组织等的桥梁，可以起到帮助银行发现客户、提出需求和沟通信息的作用。

由于银行的人员编制普遍紧缺，如何更好地获取信息，实现与尽可能多的客户和潜在客户的交流与沟通是一个难题。充分发挥中间人的作用可能是一种思路和解决这一难题的出路。银行的营销策略是培育一支符合银行标准的中间人队伍，辅助银行的营销工作。

3.2.10 社会公众与银行营销策略

社会公众是银行的现实客户和潜在客户，是银行经营的基础环境。社会公众的力量有时是难以估量的，因此，与社会公众保持良好关系，树立良好的社会形象是每家银行必须重视的工作。银行的营销策略是充分运用包括参与社会公益、借助新闻媒体等各种手段，持续性地与社会公众保持沟通、互动，塑造并营销银行的形象和产品。

思 考

◇银行营销与营销环境之间存在什么关系？

◇银行应该如何把握营销环境中的机遇和威胁？

◇银行的营销策略怎样随社会文化环境而改变？

◇在经济周期的不同阶段，银行分别宜采用怎样的营销策略？

◇银行营销的战略与理念，营销的组织架构、体系的机构设置和职能设置与职责落实，对营销工作会产生哪些影响？

第 4 章

银行市场细分与定位

引言：细分需求，找准定位

市场这个词的使用频率很高且含义丰富。它有时候是指交易发生的地方，如客户到银行网点办理业务，银行网点就是市场。有时候，它是指某种产品的供求关系，如提问"个人住房按揭贷款市场如何"。市场有时还可以用作动词，意思是卖东西，如银行向客户卖出理财产品。

市场由有需求、有愿望、有能力、有资格购买某种产品或服务的组织或个人组成。这里包含了构成市场的四个要素：想要得到的产品或服务、购买能力、购买愿望与购买资格。

也许一个人希望购买经济适用住房，但是他可能不符合申请购买经济适用房的条件，不具备资格，没有权利购买。而且，购买经济适用住房也需要购买者有一定的货币购买力，即使他符合申请条件，但是如果没有购买力，同样不能去购买，他仍然不能成为经济适用住房市场中的个人需求者。

需求是市场的源泉。需求的多样性和差异性要求市场按照需求的不同进行细分。比如，银行根据客户的不同，可以把市场分为公司业务市场和个人业务市场。

银行需要选择某些细分市场作为服务对象，并以某种形象特色展现在客户面前，即进行恰当的市场定位。

4.1 银行市场

可以说，在现有的环境、资源和技术条件下，任何一家银行都不可能满足所有客户的所有需求，正确选择自己的目标市场是银行取得成功的开始。也就是说，银行必须先对市场进行细分，然后选定某些特定的市场，以满足该市场中某些客户的特定需求作为经营战略和目标。

4.1.1 市场的含义

传统意义上的市场是买卖双方进行商品交换的场所。随着社会进步和科技、经济的发展，市场的含义不再局限于有形的商品交换场所，任何从事产品服务交换的有形和无形场所都属于市场的范畴。例如，随着网络信息技术的发展，市场不一定是真实的场所和地点，当今许多社会交往和买卖都是通过计算机网络来实现的，我国著名的电子商务网站淘宝网便是提供交换的虚拟市场。从经济学意义上看，市场是买卖双方各种交换关系的总和。

4.1.2 什么是银行市场

在现代条件下，包括银行在内的任何企业从事生产经营活动的目的都在于交换，并且都是通过市场来完成交换的。因而，市场可以说是所有经济组织从事经营、管理活动的出发点和归宿。以市场提供的交换对象的需求为生产经营活动的出发点组织生产，最终的归宿是将产品和服务通过市场与需求者实现交换。

1. 银行市场

依据经济学意义上的市场含义，银行市场是指银行与客户之间的各种交换关系的总和。在银行营销中,银行是卖方,一般称为产业或行业;买方是银行产品与服务的需求者,即客户需求,一般称为市场。当然,这里所说的客户需求是指有货币支付能力的有效需求。这样,银行市场的构成要素就包括客户、需求和货币购买力三部分。

2. 银行市场营销的流程

银行营销按照这样的流程完成并不断循环:卖方即银行主动搜集买方即市场信息,或者买方向银行提出需求信息,银行设计相关的产品和服务提供给买方使用并传授产品与服务的专业知识及信息。

4.2 银行市场细分

银行确定目标市场的过程主要是对市场进行细分的过程。市场细分是市场营销中的重要概念,由美国市场学家温德尔·R·史密斯(Wendell R. Smith)于1956年提出来,这一概念的提出标志着以市场为导向的市场营销观念的新发展。

4.2.1 市场细分的含义

简单地说,市场细分是按照一定的标准,把产品的整体市场划分为各具特色的小市场的分类过程。分类的依据通常是客户的需求、动机、行为与习惯。

4.2.2 银行市场细分的依据

银行的市场细分可以根据客户类型、客户特征和客户需求作为分类依据。例如,按照客户类型,银行的市场可以细分为公司客户市场和个人客户市场。

其中，公司客户还可以根据行业、规模、区域、组织形式、金融服务需求的不同等多个维度再进行细分。

个人客户可以按照人口因素（如年龄、性别、职业、收入水平、文化程度和宗教信仰）、地理因素（即客户所在的地区）、心理因素（如客户的风险承受能力和对收益的期望）和行为特征（如客户对银行产品与服务的使用量）等标准进行细分。

4.2.3 银行市场细分的意义

对银行客户的需求进行细分，有利于了解各类客户的不同金融需求和购买力大小，并能发现潜在金融需求，开发产品满足潜在需求；有利于为银行营销活动的开展与调整提供依据；有利于银行根据各个细分市场的特点选择最有效的营销手段，制定针对性的营销策略。

4.2.4 银行市场细分的条件和程序

能够被银行细分的市场一般具备以下条件：

(1) 需求存在差异性。如果银行客户的金融需求都完全相同，那么市场细分就失去了基础，所以，需求的差异性是市场细分的首要条件。例如，信贷市场客户获取资金的用途存在差异，公司客户获得的信贷资金可以用于补充流动资金的不足，也可以用于购建固定资产。所以，银行公司客户的贷款市场可以细分为流动资金贷款市场和固定资产贷款市场。

(2) 可识别和衡量。银行市场细分的目的是向不同需求市场的客户提供不同的产品和服务，因此，据以细分的市场特征应该易于识别和衡量。例如，银行个人理财市场的客户可以按照客户的风险偏好进行分类，如果只是简单地把客户分为“风险偏好型”和“风险厌恶型”，而不明确具体的判断标准，那就很难实际操作，必须建立一个易于识别和判断的标准来描述“风险偏好型”和“风险厌恶型”客户的具体特征。

（3）金融需求量足以使银行盈利。银行应该向选定的细分市场提供产品与服务，并从细分市场中获取目标利润。这就要求细分市场的需求量足够大，以便银行能进入并获利，如果没有足够大的需求量，细分出来的市场便失去经济意义，商业银行一般也不会介入。除非是考虑到商业银行的长远战略目标、某些社会责任或者是政策性银行才有可能介入一些无法盈利的细分市场。

银行市场细分是一项较为复杂的工作，以个人住房抵押贷款为例，银行市场细分的程序一般如下：

第一，根据银行市场营销的目标和任务对市场范围进行研究和界定。

先根据银行营销个人住房抵押贷款的目标任务，对辖区内的新房在建、开盘、销售和二手房交易情况进行分析，判断个人住房抵押贷款市场的需求量。

第二，选择市场细分的依据和标准。

选择市场细分的标准，对个人住房抵押贷款市场进行细分。例如，可以按照贷款申请人的职业、收入水平、贷款金额大小、利率高低、还款方式等标准进行划分。

第三，根据市场细分的依据选出细分的单位。

假如银行最终选定按照贷款申请人的职业作为市场细分的标准，则可以将个人住房抵押贷款申请人分为：公务员、教师、医生、企业职工和自由职业者等。

第四，设计市场调查方案并对选出的细分市场实施调查。

对上述各细分市场的贷款申请人设计市场调查方案，重点调查各类申请人的职业特征、收入水平及稳定性、道德风险、经营风险等因素。

第五，确定各细分市场的规模和性质。

估计各类职业人员的住房需求、住房购买力、现实和潜在的贷款申请人数量及贷款金额等，判断各细分市场的贷款需求规模。

第六，选择目标市场，确定营销策略和计划。

选定银行准备进入的细分市场，即目标市场。例如，某银行考虑到教师和医生这两个职业具有职业稳定性和收入稳定性，贷款风险相对较小的特点，决定选择这两个细分市场作为该行个人住房抵押贷款的目标投放市场，则应该制定面向学校和医院的营销策略和具体计划方案。

4.2.5　银行市场细分的方法

进行银行市场细分需要确定按照什么标准进行细分。通常，客户类型、客户特征和客户需求可以作为银行市场细分的分类标准。如前文所述，地理环境因素、人口统计因素、客户心理因素、客户行为因素等都可以作为市场细分的标准。

市场细分的标准是随着社会经济的发展而动态变化的，各家银行亦可以采用不同的分类标准，可以采用单一因素作为标准分类也可以同时采用多个因素作为标准进行综合分类。

1. 单因素分类法

所谓单因素分类法是指银行根据影响客户需求的单个因素进行分类的方法。例如，银行公司客户按照经营规模可以分为大型企业、中型企业、小型企业和微型企业。银行个人客户按照职业可以分为学生、公务员、事业单位职工、企业职工和自由职业者等。

2. 多因素组合法

多因素组合法是银行根据影响客户需求的两种或者两种以上因素进行市场细分的方法。例如，将银行的公司客户同时按照行业和规模分类，那么钢铁行业的客户可以分为大型钢铁企业和中小型钢铁企业。银行的个人客户同时按照职业和性别分类，可以把教师分为男教师和女教师。

4.2.6 各类市场的细分

商业银行一般根据服务对象不同将市场细分为个人客户市场、公司客户市场和机构客户市场，然后再按地理、人口、消费心理、市场容量和利益等标准进一步细分。其中，个人客户市场和公司客户市场是银行最基本和最常用的市场细分类型。

1. 个人客户市场①

影响个人客户需求差异性的因素错综复杂，在不同时期、不同区域、不同社会经济环境下，区分的标准也不尽相同，从总体来讲，人口因素和利益因素是个人客户市场细分的主要因素。

根据人口因素可以把个人客户市场细分为富人市场、高消费阶层市场、较高收入者市场、较低收入者市场、储蓄者大众市场、挥霍者大众市场、低收入者市场和有固定收入退休者市场等。

不同细分市场群体对商业银行的服务要求不同，获得的

---

① 闫红玉. 商业银行信贷与营销[M]. 2版. 北京：清华大学出版社，2009.

基本利益也不相同，相对应的银行期望从不同的群体中获得的利益也是有差别的。

因此，银行必须从不同的需求、不同的利益出发确定不同的营销策略。例如，银行针对富人市场可以提供高端理财产品，营销手段可采取与富人客户约会，召开投资研讨会，免费提供保管箱服务等；对低收入者市场客户，一般只为他们提供标准化的产品和服务，采用低成本高效率的服务方式或手段，如让他们通过营业柜台或银行自助设备存款及取款等。

此外，银行还可以根据以下因素来细分个人客户市场：

(1) 地理因素。根据消费者所在的地理位置来细分市场，然后选择其中一个或几个子市场作为目标市场，这是银行常用的一种细分市场的方法。一般来讲，市场的容量大小、进入市场的难易程度、银行营销所付出的成本大小及相关费用多少会因市场的地理位置不同而有所差别，因此，银行应将其业务重点放在最有发展前途的区域内，最大限度地利用好它有限的资源以求获得最大收益。我国按照省市地区可分为华北、东北、华东、华南、中南、西南、西北，按地理环境可分为内地、沿海等。由于地理位置不同，客户的需求会有很大差异。同时，各种不同规模的城市之间，城市与乡村之间，由于经济发展水平的不同，对产品的需求也存在着明显的差异。

(2) 收入水平。按收入水平，银行可将个人客户分为低收入者、中等收入者和高收入者三个阶层。对于低收入阶层的客户来说，只需要向他们提供基本服务即可，如储蓄类产品；对于中等收入人士来说，在提供基本服务之外，还可向其提供消费信贷、按揭贷款、代理保险、信用卡、电话理财、手机银行、网上银行等业务；对于富裕阶层，可以提供外汇买卖、证券投资、保管箱以及其他个性化的服务。

(3) 心理因素。按照心理因素，即按消费者的社会阶层、生活方式、人格特征将客户划分为不同的群体。对各个客户而言，个性不同会导致其对金融产品的需求存在很大差异，一般来说，个性保守、因循守旧的客户在选择金融产品时，总是以安全、可靠和风险小的品种为主；而个性激进、偏好风险的客户，则甘愿冒险，追求较大利益。

(4) 行为因素。行为因素包括客户对金融产品和服务的使用态度、使用时机、利益预期、使用情况以及顾客对某些金融产品的忠诚度等。

需要注意的是，银行在进行市场细分时，往往不是只按照某一种标准来进行的，而是把几种细分标准结合起来使用。比如，同时根据性别、收入水平及职业状况来划分客户群体。

2. 公司客户市场①

公司客户与个人客户主体特征和市场需求有很大差异，因此，公司客户市场细分标准也不尽相同，一般有以下几种划分标准：

(1) 按客户所属行业的不同划分。随着科学技术的进步和人们生产生活需求日益多样化，行业越来越多，一些行业历史十分悠久，一些行业才刚刚诞生，不同行业在不同发展时期，其发展前景和经营效果不同。新兴行业市场广阔，投资回报率高，成熟行业情形相反，衰退行业则举步维艰，因此，商业银行必须非常重视研究各行业发展态势，以制定恰当的客户发展战略和策略。

---

① 闫红玉. 商业银行信贷与营销[M]. 2版. 北京：清华大学出版社，2009.
银行业从业人员资格认证考试辅导教材——公司信贷[M]. 北京：中国金融出版社，2009.

(2) 按企业规模的不同划分。一般根据公司资产和营业收入的多少将其分为大型、中型、小型企业。不同规模的企业经济实力和抗风险能力是不同的，对银行提供的服务需求也有差异。大型企业对存款、贷款、结算和其他业务的需求量大，需求品种多，这类企业也理所当然地成为各商业银行争相夺取的重点客户。不过银行选择什么样的客户也需要考虑自身的条件，是否能为企业提供全面良好的服务，否则，会对企业及银行自身造成不良影响。

(3) 按企业性质不同划分。一般来说，根据企业性质细分，公司信贷客户包括国有企业、民营企业、外商独资企业和业主制企业。

对于国有企业，银行应该重点争取有大量融资和中间产品服务需求的大型重点国有企业，在整体评估的基础上，慎重选择处于困境中的中小型国有企业。

对于民营企业，在与这类客户建立业务之前必须重点考察其管理水平及可能存在的隐患，以确保资产的安全性和盈利性，对这类企业提供的产品和服务，主要是手续简便、快捷的贷款产品和方便的中间业务。

对于外商独资企业，他们对商业银行的金融产品和服务的要求较高，银行必须提供高质量的金融产品，并提高服务水平，同时还要选派对现代金融理论及金融创新理论均有较高造诣的高素质客户经理前往接洽，以保证业务的顺利开展。一般来说，这类客户是商业银行希望得到的业务伙伴。

对于个人独资企业，投资人以其个人财产对企业债务承担无限责任，这类企业对商业银行产品的需求与个人客户有相似之处，银行可以提供个人贷款和其他个人金融产品。

(4) 按企业资信等级划分。主要根据企业的经济实力、财务状况、管理水平、借贷历史记录等综合因素将企业划分为AAA、AA、A、BBB、BB、B等级别，级别越高，表明企业资信状况越好，企业对银行的潜在风险越小，银行据此对不同级别的企业采取不同的信贷政策。

(5) 按产业划分。我国的国民经济按产业可划分为第一产业、第二产业、第三产业，不同产业类别还可以进一步细分，如将产业分成劳动密集型产业、资本密集型产业、知识和智力密集型产业等。

在经济发展的过程中，国际宏观经济形势和产业政策的变化会使不同产业的经营效果和发展态势发生变化，各银行对市场活动的参与必须依据国家产业政策的取向，在此基础上，分析产业发展态势，确定目标客户群和优质客户。

3. 机构客户市场①

机构客户市场通常分为两类：金融同业类客户和机关事业单位客户。

1) 金融同业类客户的细分

金融同业类客户通常细分为银行、证券公司、信托公司、基金管理公司、保险公司及保险中介公司、资产管理公司和其他非银行金融公司。

2) 机关事业单位客户的细分

机关事业单位客户通常细分为政府及政府机构、民政系统、劳动保障系统、海关系统、商检系统、医疗系统、广播电视系统等，它们的资金主要来源于财政经费拨款以及各种收费收入。各种协会、学会、基金会和科研机构等社团组织的资金则主要来源于基金费等。

① 满玉华，赵树海. 商业银行客户经理[M]. 北京：中国人民大学出版社，2009.

4.3 选好目标市场

对市场细分后银行可以清晰地看到所面临的市场机会，此时银行需要评价各细分市场并决定进入哪些细分市场，即寻找到银行的目标市场。

4.3.1 目标市场的含义

银行在市场细分的基础上，从满足现实的或者潜在的客户需求出发，根据自身的经营条件而选定的为数不多的特定市场就是目标市场。简单地说，目标市场就是银行产品和服务的具体使用对象。

4.3.2 确定银行的目标市场战略

银行选择目标市场时，先要确认合适的目标市场战略。银行选择目标市场战略时，主要受到市场特征、金融产品属性以及银行的战略目标和拥有资源情况的影响，也受到竞争对手的目标市场战略影响。在市场营销中，一般有三种目标市场战略可供选择，即无差异性战略、集中性战略和差异性战略。

1. 无差异性战略

如果某个市场所有客户的需求大致相同，那么可以把该市场看成是同质的市场。由于客户的需求相似甚至相同，企业不必细分客户的需求，也不必考虑不同客户的偏好进行个性化设计，只需要向所有客户提供相同的产品和服务，便能满足所有客户的需求，这就是无差异性目标市场战略。显然，银行业所面对的市场客户需求差异很大，不适合采用无差异性战略。

2. 集中性战略

由于在现有的环境、资源和技术条件下,包括银行在内的任何企业都不可能满足所有客户的所有需求,而且,由于竞争的存在和加剧,很多企业纷纷将自身的资源和精力集中专注于某个特定的细分市场,这就是集中性战略。然而,将所有资源集中于一个细分市场的策略违背了"不把所有鸡蛋放在一个篮子里"的原则,潜藏着一定的风险。

假如某家银行把几乎所有的贷款都投放到房地产市场,一旦房地产市场出现系统性风险时,银行便会陷入困境。可见,银行选择信贷业务目标市场时,不宜在某个行业中采用集中性战略。

3. 差异性战略

市场细分的基础是客户需求存在差异。选择若干细分市场作为企业的目标市场,并根据各细分市场客户的不同需求制定不同的营销组合,这就是差异性战略。

银行客户的需求存在很大差异,银行根据自身资源情况和风险控制的要求,一般会选择若干市场作为目标市场,针对不同市场的客户采用不同的营销策略和营销组合,提供有差别的产品和服务。所以,对多数银行而言,目前选择差异性战略较为合理。

4.3.3 对细分市场的评估

经过细分以后的市场很多,但并非所有的细分市场都适合一家银行去介入。而且,在现有的环境下,以一家银行的资源和技术条件已经不可能满足所有细分市场的客户需求,只能选择若干市场进行服务。因此,银行必须在确定目标市场之前,先对细分出来的市场进行分析评估。对细分市场的评估一般从五个方面进行：

(1) 市场潜力和容量。市场细分主要依据客户的差异化需求，所以，细分市场的规模取决于客户数量和对银行产品与服务的购买力和购买数量。例如，银行评估辖内医生这个细分市场的个人理财业务潜力，需要调查分析当地医院的数量和医生的收入状况、对理财的观念和认识、对理财产品的需求量等信息，以便评估该市场的潜力和容量，估计银行从该细分市场可以取得的营业收入，从而对银行进入该市场的成本效益进行评估。

(2) 银行自身特征。银行的经营目标和自身的人才资源、资金资源、产品资源和管理资源必须与细分市场的需求相吻合，才有可能进入该细分市场，否则只能暂时放弃。例如，银行进入个人理财市场不仅要有懂得理财业务和相关知识的人才，还要有适合细分市场客户需求的理财产品，两者缺一不可。

(3) 竞争优势。现阶段我国银行业的同质化程度较高，因而在各细分市场的竞争都很激烈。银行在准备进入某个细分市场时必须分析竞争对手的状况，分析本行的比较优势和劣势，评估未来的竞争态势和风险。如果竞争对手众多且实力雄厚，银行想要进入该细分市场就需要付出一定的代价，而且也不一定能获得预期的收益，这时就需要考虑是否马上进入该市场。例如，现阶段，我国不少规模较小的银行既缺乏个人理财的专业人员，又没有一定品种的理财产品，无法与大中型股份制银行在个人理财业务方面进行竞争，所以目前暂时不宜进入个人理财市场。

(4) 盈利状况。银行进入某个细分市场的目的之一是获取预期的合理利润。如果某个细分市场不能给银行带来合理的利润,也不能对银行战略目标的实现提供益处,那么就不应该进入该细分市场。

某个细分市场能否给银行带来合理的利润,取决于银行预计可以从该细分市场获得的营业收入和所需花费的各项成本费用,按照收入与费用相配比的原则预计盈利状况。

如果银行进入一个细分市场的成本过高,一般认为这个细分市场暂时不适合进入。如果银行在某个细分市场的成本高于竞争对手,那么很难长期在这个细分市场与对手竞争和抗衡。

(5) 风险评估。银行是经营风险的特殊企业,在确定目标市场之前,必须对各细分市场的风险进行评估。以个人住房抵押贷款市场为例,银行需要分析的风险因素包括经济风险、市场风险、政策风险和客户违约风险等。

4.3.4 目标市场的选择

实际上,银行进行市场细分、确定目标市场战略以及对细分市场评估的最终目的是为了选择合适的市场,进入该市场开展业务,向客户提供金融产品和服务,这一过程就是目标市场的选择。

综合以上对目标市场的论述,很显然,银行最终选择的目标市场应该是既符合银行的战略目标、自身资源状况和竞争优势,又具备一定的规模和发展潜力,并能为银行带来盈利前景的细分市场。

4.4 找准市场定位

银行一旦选定了目标市场,就需要考虑如何在目标市场展现自身的特点和个性，这一过程就是银行的市场定位。市场定位是银行全面战略计划中的一个重要组成部分，它关系到银行及其产品和服务如何与众不同，独具特色，市场定位可以在客户心目中树立起银行有别于竞争对手的特定形象。

4.4.1 市场定位的含义

银行市场定位就是在目标市场中找准自身的定位，向客户传递具有鲜明个性和特色的银行形象，使银行提供的产品和服务在客户心目中留下深刻的印象和独特的位置，让客户感受到这家银行的产品和服务与其他竞争对手相比是多么突出，并愿意与银行建立业务关系，从而使银行在与同业的竞争中取得竞争优势，在目标市场中站稳脚跟。

市场定位的本质是银行在客户所关注和重视的银行产品与服务特性中，选择一个或者多个为目标客户所尤为重视的特性，在自身产品和服务的设计中刻意加入和突出这些目标客户所重视的特性，塑造出能凸显这些特性的与众不同的产品和服务，这样就能与竞争对手的产品形成明显区别。银行力争以拥有这些特性的产品和服务的唯一供应商形象展现在客户面前，满足客户对这些特性的需求和偏好。

4.4.2 市场定位的内容

银行市场定位主要包括客户定位、产品定位和形象定位三个方面。

1. 客户定位

银行的客户定位一般根据客户的规模、业务需求和偏好进行，以便与客户特性及需求达成一致。例如，对于服务质量和服务效率有较高要求的客户，银行可以通过提供高效率和高质量的服务来满足客户的偏好，吸引这部分客户。

2. 产品定位

尽管银行产品的同质化程度较高，比较容易模仿，但银行还是可以根据客户对产品某些特性的重视程度，设计出能够突出这些特性的产品，使该产品的这些特性明显区别于竞争对手的同类产品，从而在客户心目中留下深刻印象。例如，针对年轻客户发行的银行卡，尽管在银行卡的功能方面可能与竞争对手相似，但银行可以在银行卡的外观设计上体现出活泼和时尚的特点，以迎合年轻人追逐时尚的需求。

3. 形象定位

银行的形象定位主要是通过设计能够体现自身特点，有别于竞争对手的经营理念、标志、图案、商标、建筑外观、色彩和户外广告等，以期在客户心目中留下与众不同的形象。

4.4.3 市场定位的策略

银行的市场定位策略主要依据自身的资产规模、市场竞争力、市场份额、技术手段等因素来确定。

1. 主导定位

主导定位是银行以市场主导者的形象展现在客户面前，无论是在资金规模、机构网点布局还是在产品创新、市场占有率等各方面都展现出自身的竞争优势。例如，像中国工商银行就有可能凭借其各方面雄厚的资源条件采用主导定位的方式引领我国的整个银行业。

2. 避强定位

对于一些资产规模中等，机构网点不多，只是在部分市场上开展业务的银行，由于无法与居于主导地位的银行进行直接竞争，也不可能马上对主导地位的银行产生冲击，这类银行可以采用避强定位的方式，将自己的产品和服务定位于某些市场区域内，并设法使自己的产品和服务在某些特征或属性上与居于主导地位的银行有比较明显的差别。

3. 迎头定位

银行在拟进入某些细分市场时，通过分析如果发现该市场目前居于主导地位或主要地位银行的状况与自己的竞争实力旗鼓相当，为了使自己将来能够在这个细分市场上取得与主要竞争对手相同的市场地位，可以采用迎头定位策略。采用迎头定位策略的银行在进入某些细分市场时会与主要竞争对手发生正面竞争，引起市场关注，甚至产生轰动效应。这种策略能使银行很快为该细分市场的客户所熟悉，易于快速树立银行的形象，但也具有较大的风险，一旦竞争失败就很难再进入该市场。

4. 补缺定位

对于资产规模很小、产品和服务品种较少的小型银行来说，通常只能集中精力寻找大型银行和中等规模银行不太关注或者尚未进入的一些细分市场，把自己塑造成专门为这些细分市场服务的银行的形象，将这些细分市场的客户吸引到小型银行，这就是小型银行可以采用的补缺定位。

5. 重新定位

银行的资产规模、市场竞争力和占有率会随着经营活动的开展发生变化。原有的市场定位策略需要根据银行自身情况的变化进行调整，也就是重新定位。例如，一些小型银行通过经营发展以及兼并重组，可能成长为中等规模的银行，这时，银行需要考虑原有的市场定位是否合适，是否需要重新定位。

银行市场定位是设计银行产品和形象的行为，目的是使银行明确在目标市场中相对于竞争对手自己所处的位置。

银行在进行市场定位时，要通过反复比较和调查研究，找出最合理的定位。避免出现定位混乱、定位过度、定位过宽或定位过窄的情况。而一旦确立了市场定位以后，银行必须通过一以贯之的表现与沟通来维持所确定的市场定位并加以监测，以便随时调整定位策略以适应目标顾客和竞争者策略的改变。

4.4.4 市场定位的程序

市场定位的过程大致分为以下几个步骤。

1. 分析目标市场的竞争现状，确认自身的潜在优势

银行在市场定位时，先要通过调研分析以下三个问题：一是竞争对手的市场定位；二是目标市场上客户需求的满足程度，以及还有哪些需求尚未满足；三是针对竞争者的市场定位和客户的现实及潜在需求，明确银行应该及能够做什么。通过分析上述三个问题，银行可以把握市场竞争的现状，从中确定自己的潜在竞争优势在哪里。

2. 选择自身的竞争优势，对目标市场初步定位

某家银行的竞争优势反映出该银行能够胜过竞争对手的现有的或者是潜在的能力。选择自身竞争优势实际上就是一家银行与竞争对手各方面实力进行全面比较的过程，比较指标应该是一个完整的体系，只有这样才能准确地选择相对竞争优势。

通常的方法是分析、比较银行与竞争者在经营管理、产品及技术开发、市场营销、风险控制和财务管理等方面究竟哪些是强项，哪些是弱项。借此选出既适合本银行又符合客户需求的优势项目，以初步确定银行在目标市场上所处的位置。

3. 展现独特竞争优势，对目标市场正式定位

银行完成了对目标市场的初步定位以后，就要通过一系列的宣传促销活动，将其独特的竞争优势准确传播给潜在顾客，以期在目标客户心目中留下深刻印象。

首先，银行应使目标客户了解、知道、熟悉、认同、喜欢和偏爱银行所确定的市场定位，在客户心目中建立起与该定位相一致的形象。

其次，银行通过各种活动和举措强化自身市场定位在目标客户心目中的形象，让目标客户持续了解银行市场定位的内涵，通过强化和稳定目标客户对银行市场定位形象的认识和加深目标客户的感情来巩固与市场定位相一致的形象。

最后，银行应注意目标客户对其市场定位理解出现的偏差，或者由于银行市场定位宣传及营销人员促销上的失误而造成目标客户对银行市场定位的认识出现模糊、混乱和误会的问题，及时纠正与市场定位不一致的形象。

思 考

◇ 银行可以采用哪些标准细分市场？

◇ 怎样选择与银行自身战略目标相一致的目标市场？

◇ 公司业务市场细分与个人业务市场细分有何区别？

◇ 选择目标市场与进行市场定位有什么联系？

◇ 如何判断目标市场中的金融需求量大小？

第 5 章

银行营销策略

引言：韬略先行，相机抉择

银行是提供金融产品和服务的特殊企业，向客户营销何种产品(Product)，如何定价(Price)，通过哪些分销渠道(Place)实现营销，采用什么促销手段(Promotion)，所有这些都是现阶段我国各家银行决策层应该考虑的涵盖战略和战术两个层面的重大问题，也是继市场营销战略和目标市场选择与定位之后又一个重要的营销理念，即 4Ps 营销组合策略。

近年来，银行业在我国的发展很快，但是发展也不平衡。银行同业之间无论是规模、产品种类和机构网点数量，还是服务质量及管理水平都差异很大。所以，对于一些营销管理相对薄弱的银行，当务之急是建立 4Ps 营销组合策略；而对于一些营销实践和管理水平较高的银行，则可以在 4Ps 营销组合策略的基础之上向“以客户需求为导向”的 4Cs 营销组合策略转变。

5.1 产品营销策略[①]

产品是银行实现战略目标的载体，银行的生存和获利需要借助于产品的营销和客户对产品的使用。产品策略是银行营销的起点，也是制定定价策略、促销策略和渠道策略的前提和基础。

5.1.1 银行产品与特点

银行客户的金融需求通过银行提供的产品和服务得到满足。客户的需求决定了银行所应提供的产品和服务。

实际上，所有银行产品都是一个或一组银行与客户的“合约”或者说是“合同”。按照银行的业务，银行产品大致可以分为：负债业务产品，即通常认为的由银行给付利息的存款类产品；资产类产品，即银行收取利息的信贷类产品，包括部分票据产品；中间业务产品，即以服务为主、收取非利息性质的服务费用的产品。银行向客户提供的产品属于金融类产品。

本书第1章我们论述了银行产品具有服务的无形性、客户的参与性、服务的易逝性、产品的同质性、服务的专业性和产品的收益性等特点。银行产品的特点决定了产品营销的策略。

5.1.2 产品组合内容

客户的金融需求是多方面的，因而对银行产品与服务的

① 银行业从业人员资格认证考试辅导教材——公司信贷[M]. 北京：中国金融出版社，2009.

需求也是全方位的,仅为客户提供单一产品或者“等客上门”式地被动向客户提供产品都不能很好地满足客户需求。

银行应该将各类产品有机组合以满足客户各方面的金融需求。银行的营销管理部门和营销人员必须了解银行所有产品之间的相互关系,通过分析这些关系来协调各种产品的营销。进行产品组合需要了解以下概念:

(1) 产品项目。产品项目是指银行某个可以单独提供给客户的具体产品。例如,银行提供给客户使用的 1 年期定期储蓄存款产品就属于一个产品项目。

(2) 产品类型。产品类型是指许多仅在个别特征上略有差异的产品项目组成的一类产品。例如,银行提供的定期储蓄存款期限长短不一,有 1 年期、2 年期、5 年期等,这些仅在期限上略有差异的定期类储蓄存款产品合在一起就是一种产品类型。

(3) 产品线。产品线是指多种具有类似基本功能的产品类型构成的一组银行产品。例如,银行的储蓄存款除了定期还有活期等其他类型,但是,所有储蓄类产品的基本功能类似,可以看成是一条产品线。银行提供的信贷类产品、票据类产品等都可以看成是产品线。

产品组合就是多条产品线组合在一起。其中,每一条产品线包含多种产品类型,每种产品类型由产品项目构成。

确定银行的产品组合就是选择和搭配组合的宽度和深度:

(1) 产品组合的宽度。产品组合的宽度是指银行产品组合中的产品线的数量,拥有产品线的数量越多,则产品组合的宽度越大。如果一个产品组合中包括了储蓄类产品和信贷类产品,那么这个组合包含两条产品线。

(2) 产品组合的深度。产品组合的深度是指银行产品组合中每一条产品线中拥有的产品项目数量,每条产品线中的产品项目越多,产品组合的深度越深。如果银行储蓄类产品线中的具体产品项目有五种,则储蓄类产品线的深度为5。

5.1.3 产品组合策略

银行产品组合的宽度和深度的不同,反映了银行的营销策略。扩大产品组合的宽度,可以进入更多的业务领域,分散经营风险。例如,一家银行增设了个人理财类产品线,就可以改善业务结构,更多元化地经营。增加产品组合的深度,可以在一条产品线上开发更多的产品项目,满足客户差异化的需求。

银行产品组合的策略包括扩张策略、集中策略和产品策略。营销时,银行主要根据自身资源情况、客户需求变化和市场环境的改变进行调整。

(1) 扩张策略。扩张策略就是扩大产品组合的宽度,增加产品组合的深度,利用自身人才、技术、资金等优势扩大市场整体占有率的策略。扩张策略适用于经营管理实力雄厚,规模较大的银行。

(2) 集中策略。集中策略是指银行压缩产品组合的宽度,减少深度,将资源集中于能够体现自身竞争优势的某些产品组合上,专注于某些细分市场的策略。集中策略适用于规模较小的银行打造特色和精品组合,树立产品形象。

(3) 产品策略。产品策略可以为一个细分市场专门定制产品,即产品细分策略;或者在同类市场上提供与其他银行效用不同的产品,即产品差异化策略;也可以通过产品向目标市场客户传递具有鲜明个性和特色的银行形象,即产品定位策略。

5.1.4 产品生命周期策略

与一般产品相类似，银行产品的生命周期一般也会经历导入期、成长期、成熟期和衰退期四个阶段。

(1) 导入期的产品营销策略。导入期的产品刚面世，客户还没有接受产品。银行需要投入大量的广告宣传，但此时费用高、风险大、收益小，银行的产品策略应把缩短导入期的时间作为重点。除此之外，搜集客户对产品的反馈意见、制定合理的产品价格也是银行需要考虑的问题。

(2) 成长期的产品营销策略。成长期的产品已经被客户有所了解，这一阶段的产品策略是根据客户使用意见改进产品、改善服务、扩大宣传、调整价格以增强产品竞争力。

(3) 成熟期的产品营销策略。成熟期的产品已经为客户熟知，销售量达到饱和状态，竞争激烈，利润下降。银行的产品策略是增加产品组合的深度，实现系列化，稳定老客户并开拓新客户。

(4) 衰退期的产品营销策略。衰退期的产品市场开始萎缩，一方面需要采用收缩策略压缩各项费用；另一方面可以淘汰旧产品，还可以考虑利用客户需求在地域上的差异，在其他尚未进入衰退期的地区开辟新的市场。

5.2 定价策略

产品定价高低影响银行的整体经营状况。如何合理定价是长期以来银行业颇感困惑的问题。以贷款为例，定价过高，会驱使客户从事高风险的经济活动以应付过于沉重的债务利息负担，或是抑制客户的借款需求，使其转向其他银行借款或通过公开市场直接融资；定价过低，银行无法实现目标利润，甚至不能弥补银行付出的成本和承担的风险。

尽管有关银行存款利率市场化定价的改革呼声一直不绝于耳，而且中国人民银行（简称央行）网站 2010 年 12 月 29 日刊登时任央行调查统计司司长盛松成的文章称："应加快利率市场化步伐，在贷款利率基本由市场决定的情况下，可允许存款利率向上浮动一定幅度。存款利率上浮可首先在具备了财务硬约束条件的金融机构中试点，逐步将加息预期转变为市场定价。这样，既有助于改变负利率状态，抑制通货膨胀，也能有效推进利率市场化，促进资源的合理配置。"但是，有关银行存款利率市场化定价至少目前还停留在探索阶段。

时至今日，对于以传统资产、负债业务为主，中间业务为辅的我国银行业来说，仍然主要依赖存贷净息差收入和非利息的服务收入维持经营和生存，因此，现阶段我国银行的产品定价主要针对资产类产品，如信贷产品中的"贷款定价"，中间业务产品的"服务收费"。而且，由于产品同质化现象相当严重，产品定价往往成为各家银行很倚重的营销手段。

产品定价与客户对产品的需求、银行盈利三者关系密切，需要寻找三者最佳的均衡点，这是银行决策者和管理者不容忽视的重点管理内容。可以说，产品定价策略的制定和动态调整体现了管理者的水平和艺术。

5.2.1 产品价格构成

银行产品价格主要由利率、汇率和手续费三部分构成。以贷款价格为例，其中包括了贷款利率、承诺费、补偿性余额等。

(1) 贷款利率。贷款利率是贷款价格的主要内容，目前贷款利率的市场化程度较高，央行一般会确定一个贷款的基准利率。银行在确定一笔贷款的具体利率时，可以在基准利率的基础上，根据规定的幅度上浮或者下浮贷款利率。

(2) 承诺费。对于已经给予客户授信承诺并签署协议，即银行已经准备好而客户又没有实际使用的那部分资金，可以按照协议收取承诺费，作为银行资金闲置的机会成本的补偿。

(3) 补偿性余额。银行提供贷款时，为了控制风险而要求借款人在银行保留一定数量的最低日均存款余额，这也是部分银行向客户提供贷款的先决条件。这部分资金需要按照贷款利率支付利息，却又是客户不能动用的资金，尽管可以取得相应的存款利息，但是存款利息毕竟少于贷款利息，实际上是变相提高了借款人的贷款利率。

5.2.2 影响产品价格的因素

银行产品价格必须能够弥补产品成本和费用、可能发生的部分风险损失(主要是预期损失)并能实现银行的目标利润。还需要考虑市场资金的供求关系、银行与客户的合作关系、同业竞争的状况、贷款的期限和类型等因素综合确定。以贷款为例，影响贷款价格的因素包括以下几方面：

(1) 资金成本。银行用于贷款的资金大部分来源于客户的存款，存款利率是主要的资金成本。存款利率与存款期限有关，所以，银行各种期限存款的平均利率可以作为贷款资金来源的资金成本。具体可以根据财务管理的原理，分别计算加权平均资金成本和边际资金成本。

(2) 贷款费用。按照贷款全流程管理的要求，银行为了发放一笔贷款需要进行包括受理与调查、风险评价与审批、合同签订、发放支付管理、贷后管理等一系列工作，这些工作所产生的银行费用应该由贷款价格弥补。

(3) 贷款风险程度。存在风险是贷款的固有属性，因此贷款定价需要弥补一部分可以预期的风险损失。

风险给银行带来的损失包括预期损失、非预期损失和极端损失。通过贷款定价去弥补的损失属于预期损失。银行计提各类拨备的初衷就是为了弥补预期损失；非预期损失靠资本储备作为弥补损失的准备；极端损失只能通过压力测试估算，一旦发生要看政府的态度，银行自身难以抵御和化解。

(4) 目标利润。董事会通常对银行经营的目标利润提出要求，目标利润主要来自经营收入，所以在贷款价格中要体现出银行预期实现的利润。

(5) 资金市场的供求关系。供求关系影响商品的价格，资金市场的供求关系影响甚至决定了贷款价格的高低。当流动性充裕时，贷款价格会走低；反之，则走高。

(6) 银行与客户的合作关系。银企关系是定价时必须考虑的重要因素，涉及银行的长期客户战略，对于赢得客户、管理客户关系、提升客户忠诚度具有重要意义。银行推出的一些优惠利率措施就是考虑了银企战略合作关系的需要，关系定价是我国银行较为流行的一种定价策略。

(7) 同业竞争状况。银行产品的同质化趋势使得多数银行在争揽客户时会使用优惠价格的营销手段，也就是打价格战。当整个市场资金面宽裕时，价格战的后果是整体市场贷款利率水平的下降，某些银行可能会因为贷款利率整体水平的下降而陷入困境。

(8) 贷款期限和类型。贷款期限长短及类型与风险有关，期限越长，贷款期间包含的风险因素和不确定性越大，利率相应应该高一些。某些类型的贷款面临的风险较大，利率也应该高一些。例如，项目贷款涉及的风险因素比一般流动资金贷款多，相应的，项目贷款利率一般高于流动资金贷款的利率。

5.2.3 产品定价的基本方法

产品定价主要有以下几种方法。

1. 成本加成定价法

产品定价方法必须兼顾产品价格的主要构成内容及其影响因素。以贷款为例，站在银行的角度，贷款定价既要弥补各项成本费用和部分风险损失，又要实现目标利润为股东带来回报。在这种理念下诞生了一种定价方法，即成本加成定价法。此外，还有其他一些贷款定价方法。

成本加成定价法的计算公式如下：

贷款利率＝资金成本＋经营成本＋违约风险补偿＋目标利润

成本加成定价法主要考虑了银行自身的成本费用和预期目标利润，没有考虑市场利率水平，有时候显得“一厢情愿”，因为在同业竞争激烈的环境下，银行通常不是价格的主导者而是被动的接受者。

2. 基准利率定价法

如果银行选择具有同业可比性、有市场指导意义和参考价值的基准利率为基础，再加上一定的价差或者乘以一个加成系数，可以使定价接近市场实际，也易于为客户所接受。基准利率可以是货币市场利率，也可以是一些大银行的优惠利率或者采用伦敦银行同业拆借利率(LIBOR)。这种定价方法就是基准利率定价法，也被称为“价格领导模型”。

基准利率定价法的计算公式如下：

贷款利率＝基准利率＋借款者的违约风险溢价＋长期贷款的期限风险溢价

基准利率定价法中客户的违约风险溢价的确定主要通过对客户的信用评级，不同信用等级的客户都有不同的风险溢价水平。

3. 客户盈利分析法

对于那些与银行保持密切往来关系、资金需求量较大的老客户，银行在为每笔贷款定价时应该考虑客户关系，综合考虑银行在与客户的全面业务关系中付出的成本和获取的收益。这种定价思路就是客户盈利分析法。

客户盈利分析法通过评估银行从某一特定客户的银行账户中获得的整体收益是否能实现银行的利润目标，也就是银行从该客户账户获得的所有收入应该大于或者等于所有成本与银行的目标利润之和，可以用公式表示如下：

账户总收入≥账户总成本＋目标利润

以此式作为确定贷款利率的标准，把各项参数代入上述公式计算具体的贷款利率。如果银行从该客户账户取得的所有收入小于所有成本与银行的目标利润之和，则需要对贷款重新定价。

客户盈利分析法对于新开户企业及有发展潜力的客户不宜采用。

5.2.4 产品定价策略

银行通过产品定价通常是为了达到以下五个目标中的某一个或几个：获取最大利润、扩大市场占有率、应对同业竞争、维护客户关系和树立品牌形象。产品定价策略服务于定价目标。

1. 关系定价策略

客户关系是银行最重要的对外关系，怎样维护客户，提高核心客户的忠诚度是银行管理的重点。定价是维系客户关系的重要纽带，关系定价策略就是为了保持与客户的长期稳定关系，向客户提供一揽子服务，并且实行价格优惠的定价策略。这种定价策略着眼于战略层面。

2. 撇脂定价策略

银行对于一些新开发的产品，趁着市场处于空白阶段、没有竞争对手之际把价格定得高一些，争取在竞争对手的同类产品面世之前获得厚利，补偿开发新产品的全部开发成本。但是，定价过高可能不利于打开市场、吸引客户。这种策略只能在短期内使用，而且要求产品的需求价格弹性低，市场准入门槛高，银行的促销策略要同步跟进。

3. 渗透定价策略

银行推出某些产品时，可以把价格定得低一些，先打开市场，尽快取得较大的市场份额，形成规模效益。等到品牌形象树立以后再设法提高价格。如果银行推出的产品需求价格弹性很大，则这种策略可以把竞争对手的同类产品挤出市场。但是定价低会导致投资回收期延长，影响投资效益和银行的发展。

5.3 促销策略[①]

一个完整的银行 4Ps 营销组合策略不仅包括产品策略

---

① 银行业从业人员资格认证考试辅导教材——公司信贷[M]. 北京：中国金融出版社，2009.

和价格策略，还必须制定促销策略和渠道策略。

银行向市场推出新产品和服务项目时，必须考虑如何向目标客户介绍、宣传和推广。通过与目标市场客户的沟通，让客户了解产品和服务能够满足哪些需求，得到什么收益等，以激发客户购买银行产品的欲望。如何进行沟通涉及银行的促销策略。目前，银行采用的促销方式有广告宣传、公共宣传和公共关系、人员促销。

5.3.1 广告宣传

注重广告宣传是我国银行业近年来一道亮丽的风景线，从四大国有股份制银行以及中国邮政储蓄银行这样的全国性、大规模的银行，到县一级的农村信用合作联社、农村合作银行和农村商业银行，以及近几年新设的村镇银行，都纷纷在广告宣传上投入巨大的热情和资金。

银行的广告宣传一般出于两种目的：一是宣传银行声誉、实力，强调整体形象；二是宣传产品内涵及特色。

由于我国银行业在市场定位以及产品等诸多方面同质化现象严重，导致了广告宣传内容中的形象定位和产品特色同质化和模糊化，可能会影响广告宣传的效果，这一点非常值得各家银行的决策者深思，或许，广告宣传的差异化是摆脱窘境的一种策略。

5.3.2 公共宣传和公共关系

除了广告宣传以外，进行公共宣传和与社会各界搞好公共关系也是银行的一项重要营销工作。

通过各种新闻媒体宣传银行的产品、服务可以增加知名度和美誉度。新闻事件的传播可能在某些方面比广告宣传更能赢得客户的关注和认同。

银行的客户遍及社会各界，保持与社会各界的良好关系可以在公众心目中树立良好形象，也有利于及时处置各种可能影响银行声誉的突发事件。与社会公众建立良好关系的方式包括定期和及时的信息沟通、建立与政府各行政部门的良好关系、参与社会公益事业、对艺术与体育领域的投资等。

5.3.3 人员促销

营销人员是建立银行与目标客户之间联系的重要桥梁。相比网络营销等非接触式的营销方式，人员促销这种与客户面对面的直接营销方式仍然是现阶段银行的主要促销方式，也是很多客户喜爱和接受的销售方式。

目前，银行的营销人员主要包括临柜人员、客户经理和管理人员。

在营业网点设立大堂经理和咨询服务专柜是网点人员营销的主要方式，这种方式有利于在客户心目中直观地树立银行的服务品牌，了解银行的产品特色。

客户经理是银行面对社会公众的一支极为重要的专门化营销队伍，兼具信息沟通、产品推介、咨询服务等职责，体现了银行的专业品牌和核心竞争力。

在全员营销的背景下，银行各级管理人员也承担了越来越多的营销职责。管理人员需要利用自身的专业特长和关系特长参与到营销活动中。

5.4 渠道策略

我国银行的组织结构大致可分为：跨区域经营的银行—

般采用“总行—分行—支行”的结构；区域内经营的银行一般采用“总行—支行”的结构。银行产品通过怎样的渠道转交给客户使用就是渠道策略问题。

5.4.1 营销渠道

银行如何把产品提供给客户使用的通道或者路径就是渠道。营销渠道作为连接银行和客户的纽带，对于银行提高服务效率、降低成本费用、加速资金周转和实现经济效益意义重大。

5.4.2 营销渠道策略

通过何种渠道将产品和服务营销给客户是银行需要选择的渠道策略。

第一，从营销活动发生的地点看，银行的产品可以通过营业机构网点渠道、上门营销渠道和电子银行渠道营销给客户。

(1) 机构网点渠道。机构网点是银行向社会公众展现品牌特色和形象的载体，也是银行直面客户的场所。在机构网点实现与客户的沟通并完成营销仍然是目前最主要的营销渠道之一。

在机构网点设计和布局中，银行有多种策略可供选择，可以设立提供全面综合服务的大型网点；也可以设立面对特定细分市场或者提供特定产品的专业型网点；或者设立以客户细分为特色的网点，如高端客户网点、法人客户网点和个人客户网点等。

(2) 上门营销渠道。对于一些大客户和重点客户，银行通常采用客户经理上门营销和服务的方式，了解客户需求，向客户营销金融产品组合，提供持续性的服务。

(3) 电子银行渠道。电子信息和网络通讯技术的发展为银行的营销渠道增添了新的方式。网上银行、手机银行、电话银行、自助银行等电子银行的出现拓展了营销的渠道，成为各家银行日益重视的营销渠道和营销战略。

第二，从营销活动经过的流程看，银行营销渠道可以分为自营渠道、代理渠道和合作渠道。

(1) 自营渠道。银行利用自己的机构网点或者上门营销直接将产品和服务营销给最终客户就是自营渠道营销。这种方式不涉及中间环节，缩短了产品与客户的距离，因而效率高，但是由于机构网点的固定成本很高，限制了银行自营渠道的数量。

(2) 代理渠道。机构网点的固定成本很高，使得银行不可能无限制地设立，所以，寻找代理行或者网络是银行应该非常重视的渠道策略。通过代理渠道有利于银行在空间地域上拓展市场，加快分销的速度。

(3) 合作渠道。尽管总体上说，银行的同业竞争相当激烈，但同业合作也是银行开展金融业务的一大特点，银团贷款就是一种典型的同业合作营销。对于一些融资金额巨大、期限很长的贷款，可以采用多家银行合作的银团贷款方式分散风险、节约成本和避免竞争。合作渠道是银行开展跨地区经营可以选择的渠道方式，通过签署合作协议，合作各方可以互相给对方客户提供服务，共享渠道资源，降低各自跨地区经营的成本，控制风险。

本章所述的银行营销策略主要建立在 4Ps 营销组合策略的基础之上。对于一些营销实践和管理水平较高的银行，则可以在 4Ps 营销组合策略的基础之上向"以客户需求为导向”的4Cs营销组合策略转变。其具体表现为：从“向客户营销何种产品(Product)”转变为“满足客户(Customer)的需求和期望”；从“如何定价(Price)”转变为考虑“客户为满足需求愿意支付的费用(Cost)”；从“通过哪些分销渠道(Place)实现营销”转变为“根据客户购买的方便性(Convenience)来建立分销渠道”；从“采用什么促销手段(Promotion)”这种“银行向客户单方面传递营销信息”的方式转变为“银行与客户的沟通(Communication)”的“银行与客户之间双向沟通与交流”的方式。

思　考

◇ 银行什么时候应该增加产品组合的深度而不是增加产品组合的宽度？

◇ 银行应该怎样做广告？如何评价广告的效果？

◇ 在银行产品生命周期的不同阶段应该分别选择怎样的营销策略？

◇ 影响银行贷款定价的因素有哪些？它们是怎样影响贷款定价的？

◇ 银行重视公共关系管理的意义何在？

第 6 章

银行差异化营销

引言：探寻差异，谋得出路

按照美国战略管理学家波特的观点，银行与其他企业一样，面对竞争的基本战略有三种：差异化战略、成本领先战略和集中化战略。银行必须从这三种战略中选择一种，作为其主导战略。

同质化竞争是我国银行普遍存在的生存压力。尤其值得注意的是，银行不仅在产品和服务上同质化倾向明显，在营销策略和营销管理上更是竞相模仿，如出一辙，整个银行业的竞争环境日趋严峻。或许，有效地实施差异化战略是摆脱同质化竞争的一剂良药。

银行面临着战略转型，银行的竞争将会从以规模竞争为主逐步转变为以创新竞争为主，差异化是一种创新，创新中处处体现出差异化。银行需要制定差异化的区域竞争战略、产品竞争战略、客户竞争战略和管理竞争战略。

现阶段，为了形成并持续保持竞争优势，差异化战略既适合于小型银行，也适合于大中型银行。

6.1 什么是差异化营销

作为企业，银行经营的最终目标是利用自身拥有的资源，通过向客户提供更多的金融产品和金融服务，在满足客户金融需求的同时实现自身利润的最大化。

当客户到银行办理业务或者客户经理协助客户办理业务时，实际上是在享受银行所给予的一项服务。因此，银行的营销实际上是一种服务的营销，这就注定了银行的营销有其自身固有的金融服务特点和方法。

在激烈的行业竞争中，银行产品与服务的同质化现象日益严重，这就使得银行按照与同业竞争对手相同的营销策略赢得客户的做法日渐失灵。因为客户的需求已趋于多元化、个性化，银行需要向客户证明自己提供的产品是与众不同的，在这种情况下，差异化营销成了制胜的法宝之一，实施差异化战略可以使银行在与行业竞争者的较量过程中运作自如、遥遥领先。

6.1.1 差异化营销

简单来说，差异化营销就是把自己的产品和服务与竞争对手区别开来，做到“人无我有”、“人有我优”，差异化营销强调的是“与众不同”。

差异化营销建立在市场已被细分的基础上，银行在充分分析竞争对手的情况、细分市场上顾客的需求情况以及银行自身的资源条件之后，选择两个或者两个以上的细分市场作为目标市场，针对不同目标市场上客户的不同金融需求提供与竞争对手不同的金融服务。

差异化营销要求银行能够为客户提供具有价值且与竞争对手不同的服务，这里的差异化也可以理解为产品和服务的不可替代性，即本银行所提供的产品和服务在功能或质量上优于其他银行提供的产品，而且，银行的持续服务也是别具一格的，或者银行的广告宣传活动比其他竞争者更具特色，在营销手段上独具匠心等，这些都是银行同业内其他竞争对手所无法比拟的。

6.1.2 实行差异化营销的原因

银行实行差异化营销有其深刻的历史和现实背景。

1. 银行所处环境的转变要求银行实行差异化营销

以银行为主的卖方市场时代早已远去，银行所处的外部市场环境已向客户为主的买方市场转变，众多优质的客户是各家银行竞相追逐的目标，在产品同质化日趋严重的情况下，谁能够创造差异化的产品，谁就能够吸引顾客，谁就会赢得市场。

2. 客户多样化的需求要求银行实行差异化营销

近年来，随着金融业的快速发展和金融知识的日益普及，银行公司客户和个人客户的金融需求越来越趋于个性化。公司客户在行业、生命周期、规模等方面存在差异；个人客户在年龄、性别、职业、收入、企业规模、业务特点、经营状况等方面存在差异，他们对银行服务的需求也呈现明显的差异性，这就要求银行必须实行差异化的营销才能在市场中站稳脚跟。

3. 银行自身发展的客观情况要求银行实行差异化营销

经济效益最大化是银行经营的终极目标。银行要获得长久发展，实现效益最大化就需要制定差异化的营销策略，找准目标客户进行有针对性的营销。

6.1.3 差异化营销的优势

1. 展示形象，取得竞争优势

银行在实行差异化营销时，需要对不同的目标细分市场制定不同的营销策略，这样可以使自身在客户心目中树立起不同一般的良好形象，利用客户的偏好与信任，提高了银行的竞争能力和客户对银行产品的信赖感和购买率，避开其他银行的同质化竞争。

2. 创造客户价值，降低经营风险

通过设计差异化的市场营销组合，占领目标市场，增加销售量。差异化的营销策略可以使银行为客户创造的价值远远高于其付出的成本，即收益远大于成本，还可以使客户的不同需求得到更好的满足。

差异化营销使每个细分市场的销售潜力得到最大限度的挖掘，从而有利于扩大银行的市场占有率。同时也大大降低了经营风险，即使发生在一个细分市场的失利，也不会导致整个银行陷入困境。

6.1.4 差异化营销的局限

1. 对营销管理及流程要求高

差异化营销对银行的营销管理提出了较高要求。在进行差异化营销之前，银行不仅要分析客户的需求情况还要了解竞争对手的有关情况，并实施一系列的营销流程，如市场调研、销售分析、产品设计、渠道建立和广告宣传等营销流程，这些都需要银行对营销工作进行系统化的筹划和管理，并对营销管理和管理者能力都提出了很高的要求。

2. 营销成本上升

差异化营销须针对不同客户的需求进行设计和营销，而且差异化营销对营销流程和管理工作的要求都会带来营销成本的增加，营销管理也比较复杂。

如果银行对差异化营销运用不当，没有进行差异化营销的成本效益分析，会出现实行差异化营销后，市场占有率扩大了，利润却降低了的现象。

6.2 差异化营销策略

“鹤立鸡群”是差异化营销追求的目标，实现这一目标需要创新和策略。那么，银行在实践中怎样才能与竞争对手产生差异从而增强银行参与市场的竞争实力呢？

答案是通过对银行营销竞争环境的分析，进行差异化营销创新，设计一系列有意义的差异，使银行在产品、服务、人事、渠道、形象上追求差异化，形成与其他竞争对手的显著区别，并且通过优化整合这种区别，创造出具有竞争优势的战略行动，甚至形成具有特色的独家经营市场。

实现差异化营销创新的策略包括：营销时机差营异化、员工能力差异化、分销渠道差异化、产品功能差异化、品牌形象差异化、定价差异化、服务差异化、客户选择差异化、文化差异化和营销管理差异化策略。

6.2.1 差异化营销策略的选择

对银行来说，可供选择的差异化营销策略包括以下几种。

1. 营销时机差异化

把握时机是商业活动的精髓所在，营销时机的把握需要敏锐的洞察力。

客户需求的产生有很深的社会文化和经济背景，银行营销时，需要关注是否在客户需求产生的恰当时机实施营销，是否在银行具备向客户提供产品和服务的能力的时候进行营销，这些需要营销管理者统筹规划。在不适当的时机进行营销，往往耗费了大量成本却得不到想要的回报。善于总结自身和竞争对手的营销失利事件有助于银行选择差异化的时机向客户出击，实施营销。

2. 员工能力差异化

人力资源是银行最重要的资源之一。一支能力优秀的与同业竞争对手存在明显差异的员工队伍是银行做好营销之本，也是银行的竞争力所在。

银行营销人员不仅要具备基本的素质，如品行良好、举止有礼、有文化涵养等，还要具备扎实的专业基础知识，熟悉相关金融产品的特征及操作流程，有较强的社交能力和团队协作意识等。

银行的临柜人员、客户经理、管理团队是最主要的三支营销队伍。通过学习、培训把这三支队伍的素质培养好可以说是银行的百年大计。所形成的员工能力差异化优势很难被竞争对手模仿。

3. 分销渠道差异化

在第5章中我们讨论了银行的渠道策略。渠道的顺畅、高效与特别是银行开拓市场的重要环节，渠道的差异化有利于增强银行参与市场开拓的竞争能力。银行可以通过设立与竞争对手在覆盖面、专业化、绩效管理等方面不同的分销渠道策略来实现差异化。

4. 产品功能异性化

产品功能是客户购买银行产品最直接的理由。实际上，银行是营销产品和服务的功能与效用，功能与效用的差异化可以满足不同年龄、不同阶层、不同地域、不同领域客户的需求，可以说，这是差异化营销策略的实质性差异。

银行可以根据客户的需求，设法给银行自身某些与市场同质化的产品赋予一个合理的又能激发客户使用欲望的差异化产品功能，这样就能以产品的功能差异满足市场的需求差异，从而形成银行自身的目标市场。

5．品牌形象差异化

品牌形象是银行竞争力的重要构成要素，实现品牌形象差异化是企业形成核心竞争力的重要途径。

在激烈的市场竞争中，即使各竞争对手的产品及其服务看上去都一样，客户也能从银行的品牌形象方面得到一种与众不同的印象、信任感和依赖。

品牌形象差异化的塑造可以从个性、形象、文化、风格、品位、关爱、归属感、传统、好的继承、情感等方面入手。

6．定价差异化

定价差异化是银行常用的竞争手段。为了在某些细分市场立足，一些银行不惜展开“价格战”。产品定价是一把双刃剑，定价过高会使客户难以承受转而寻找其他银行，最终因为失去这部分客户而缩小银行的市场份额；定价过低可能会使银行无法弥补成本。

如何在某些市场和产品上采用差异化的定价策略，既保证银行整体盈利，又能在局部市场上形成价格优势和竞争力是定价管理部门需要潜心思考的问题。

7．服务差异化

银行在产品同质化的背景下，服务是可以差异化的。况且，银行的很多产品本身就是服务。因此，银行可以通过在服务的增加和延伸、创新和服务质量等方面进行差异化。

服务差异化是适应市场需求的个性化、异质化、特色化等的发展趋势，从客户爱好、收入水平、个性特点、文化差异及价值观等方面去发现差异化的需求。

银行服务差异化主要体现在客户方便、上门服务、客户培训、客户咨询、定期回访和服务方案定制等方面。

8. 客户选择差异化

目标市场中的客户是可以独立决策的个体，不同的客户有着不同的金融需求。银行在营销时要充分考虑每一位客户的差别，将客户分成不同的群体，对不同价值的客户群体采取不同的营销策略。

对个人客户而言，营销人员可以根据客户的职业、年龄、性别、收入、文化水平等条件确定目标客户和营销策略。

公司客户的营销策略相对复杂，营销人员在确定营销策略时，要通过客户的资产规模、经济效益状况、财务状况、资产负债比率等可以量化的指标，对公司客户群体进行有效的统计分析，并根据自身的规模、实力、经营情况等方面选择适合自身的目标客户群。如果自身的规模较小、资金条件有限，那么一般不适宜向大客户提供融资。

通常情况下，规模大的银行为大客户提供融资，而规模较小的银行为中小客户提供融资。

9. 文化差异化

蕴含文化内涵的银行产品能赢得客户青睐，具有持久的生命力。如果银行在产品和服务中融入文化，使产品、品牌富有浓郁的民族文化、地域文化、历史文化和时尚情感文化特色，从而保持产品具有恒久的文化吸引力，具有其独特的差异化优势，这种差异化可以增强银行的核心竞争力。

10. 营销管理差异化

银行营销管理同质化也是一个不容忽视的现象,如何实现营销管理组织架构差异化、职能定位差异化、职责分工差异化和绩效考核差异化值得每家银行决策管理者深思。

6.2.2 差异化营销策略的实施

任何好的策略必须有效地贯彻实施才能取得预期效果。差异化营销策略的实施需要经过以下环节：分析需求的差异化、选择差异化策略和组织实施差异化营销。

1. 分析需求的差异化

客户需求差异化的识别与分析是实行差异化营销的前提。银行营销管理部门和营销人员必须仔细分析客户需求的差异化特征,为实施差异化营销做好基础准备。

2. 选择差异化策略

客户需求的差异化存在于多个方面,银行很难在所有的方面都予以满足。这时,银行可以先对客户的各方面差异化需求按照诉求迫切性和银行的可实施性进行排列,评估成本效益,然后按照一定的顺序选择不同的差异化策略组织实施。

3. 组织实施差异化营销

差异化营销的组织实施是整个差异化营销中最关键的环节,如果没有通过差异化营销活动对营销策略组织实施、具体落实,所有差异化策略和分析都只是纸上谈兵。

首先,差异化营销的组织实施需要制度保障、营销管理机构的职能落实;其次,需要培育一支能够实施差异化营销的队伍,明确分工与职责;再次,需要制定差异化营销计划和实施方案;最后,需要对实施过程进行跟踪反馈,对营销方案进行分析调整。

思　考

◇ 银行为什么要实施差异化营销？

◇ 大银行与小银行在实施差异化营销时有何区别？

◇ 银行可供选择的差异化营销策略有哪些？

◇ 怎样实现营销管理的差异化？

◇ 差异化营销策略对提高客户忠诚度有什么帮助？

第 7 章

柜面营销管理与客户经理制

引言：营销战士，制胜法宝

如果把银行营销比作没有硝烟的战争，那么，在战场第一线冲锋陷阵的战士主要是临柜营销人员和客户经理。可以说，他们是现阶段银行服务客户、营销客户最为倚重的两支队伍。

柜面营销团队和客户经理队伍承载了银行太多的希冀，其数量多少和质量高低决定了一家银行软实力的强弱，是其核心竞争力的构成要素。

没有一支能征善战的队伍，很难打赢银行的营销战，对于这一点，相信任何一家银行的中高层管理团队都有清晰的认识。

如何打造临柜服务人员和客户经理这两支队伍，规划相应的管理制度是摆在高层管理者面前的一项紧迫任务。

临柜营销人员和客户经理的工作职责是什么，应该具备怎样的文化素养、知识结构和业务能力，怎样开展营销活动，如何管理与考核等，所有这些问题既具体又必须妥善筹划与设计。

7.1 柜面营销管理

临柜服务人员主要在银行的营业网点向前来办理业务的客户提供服务，总体上还属于被动等客上门的服务类型。临柜人员主要提供相对来说标准化的规范服务，可以说，临柜人员的服务素养、礼仪风貌展现了银行外在的形象。

柜面营销管理涵盖银行各类业务和人员，是一项涉及多个部门的综合管理，需要明确主管部门和配合部门的职责。

7.1.1 柜面营销人员

一般认为，柜面营销人员包括大堂经理、综合柜员和理财顾问等。

银行网点营业厅是与客户面对面交流互动的重要场所，是满足客户金融服务需求的有形服务场所。

银行的营业网点种类、功能和布局各异，客户前来办理的业务各不相同，客户的相关金融知识差异很大，因此，当客户进入银行营业网点时，面对金融业务功能、装饰和布局各不相同的网点及琳琅满目的金融产品、服务项目，需要银行设立提供服务介绍、服务引导、客户意见处理、矛盾化解的专门岗位，大堂经理便充当了这一角色。

窗口柜面服务是银行为客户办理业务的主要方式，综合柜员承担了具体办理各项业务的工作。综合柜员的业务能力和服务能力向客户展现了银行的专业形象和品牌特质，是一种无形的行为营销。

理财顾问是适应客户理财需求，拓展银行中间业务的主要人员。理财顾问是营销银行的理财产品，包括银行代理其他金融及非金融机构销售的各种产品和服务项目的营销人员。理财顾问向客户展现了银行的专业能力与知识素养。

7.1.2 柜面营销人员职责

大堂经理的主要职责是引导客户进入网点各功能区域办理相关业务，指导客户填写办理业务的有关凭单，通过与客户沟通识别优质客户，了解客户需求并营销银行的产品与服务。

综合柜员的主要营销职责是通过提供符合规范、优质标准的服务向客户传递银行的品牌形象、效率和质量等服务特色，接受客户咨询并介绍银行产品。

理财顾问的主要职责是接受客户的理财咨询、提出理财建议、设计理财方案、推荐理财产品等，理财顾问可以为优质客户提供贵宾服务，为一般客户提供基础服务等。

7.1.3 柜面营销人员知识与技能

柜面营销人员需要具备临柜业务的相关专业知识和待客、沟通、服务、礼仪等诸多知识和业务操作、客户指导等技能。

网点是银行直面客户、服务客户的窗口，客户的各类金融诉求和金融知识咨询都会在与网点营销人员的沟通中提出，网点还需要接受客户以电话等方式的咨询，这就需要柜面营销人员掌握银行各类资产、负债、中间业务和产品的专业知识、适用对象、办理流程、所需提交的申请资料等一系列知识和如何解答客户疑惑的沟通技能。

中间业务是现代商业银行大力发展的一项业务领域，传统的结算、票据类业务仍然发挥了服务客户的巨大作用，随着新的结算方式、新型票据的不断涌现，柜面营销人员必须熟练掌握各类结算方式和票据业务的专业知识和风险防范技能，并根据客户的经营特点向客户营销银行的结算和票据类产品。

现阶段银行除了办理传统的结算、票据类业务以及自己开发的理财产品以外，具备相关条件的银行还代理其他非银行金融机构的产品，涉及代理证券、基金、保险、信托等产品，这就需要办理这类业务的专柜柜员以及网点理财顾问熟练掌握证券、保险、信托、基金的基础知识和各类产品的具体特点，以便把相关产品恰当地介绍给合适的客户，减少由于专业知识不足可能导致的信息误导和纠纷。

7.1.4 理财业务营销技巧

随着金融理财产品和业务的不断拓展，理财业务及产品的营销已经成为柜面营销的主要任务之一。

理财业务营销涉及银行自己开发的理财产品营销，代理各类证券、基金、保险、信托产品的营销，接受客户理财咨询、理财规划方案制定及实施等方面。

做好理财业务营销需处理好三方面的问题。

1. 如何解决产品销售和理财规划的矛盾

产品销售和理财规划之间并不矛盾。完成产品销售本身就是整个理财规划中的重要目标之一，随着理财行业的发展，行业内分工日益细化，产品销售属于理财规划的执行阶段，被从理财规划中分离出来，即产品销售人员与理财规划人员不是同一个人。理论上说，所有理财顾问都担负着理财规划和产品销售的双重职责，理财和销售是不可能绝对分开的。解决这一矛盾的关键在于必须站在客户整体理财规划的角度进行产品营销，而不是为了完成产品销售的考核指标，不顾客户的理财需求，纯粹推销产品。

2. 如何面对业绩压力

必须承认，现阶段的主流销售文化是“结果导向型(Result Oriented)”，也就是以销售业绩论英雄。所以，对营销人员来说，无论多大的业绩压力都不足为奇，面对压力的唯一出路是提高营销效率，这涉及营销的策略和技巧。例如，如何整合营销环节和流程，变零售为批发，在一次与客户见面时整合完成多个流程环节等。快速识别客户类型、性格、需求、偏好以及适用何种理财产品是理财顾问需要掌握的最为关键的营销技能和面对业绩压力的对策。

3. 如何开始理财营销的第一步

理财营销每一步的实现都有赖于和客户的面对面沟通，所以理财营销的第一步就是要成功地约到客户进行很正式的面谈。面谈的机会可能来自客户恰好要办理某一项业务(如存款)而到银行来，可以利用这个机会向客户发出面谈的邀请，如果客户当时有时间就马上请进单独的会客室，如果没有就另约时间，并在该客户资料库里进行相应记录。

有时候面谈需要营销人员主动电话约访，所以打电话也是一项很重要的技巧，应该设计打电话的每一句话，包括如何开场，提什么问题，怎么结束，用什么语气等。经验丰富的理财顾问会针对不同的客户运用不同的邀约策略。例如，刚开始和客户的关系还不够深入熟悉的时候，可以试着以客户服务的角度切入，把邀约客户面谈作为一项为他提供增值服务的内容进行设计，那么客户接受的程度会比较高。更为具体的谈话、沟通技巧可以参见本书第8章的内容。

7.1.5 柜面营销管理

柜面营销管理需要确定主管部门，以便整合柜面服务、厅堂服务、零售拓展等服务资源，定期组织柜面服务团队、零售服务团队、零售拓展团队进行交叉培训，全面提升柜面营销人员的综合能力。

柜面营销管理的目标是将营销工作做好，达到预期的效果。因此，制定营销拓展目标、营销效果考核、营销团队建设等相关制度，明确责权利并实施必要的监督是柜面营销管理的主要内容。

柜面营销是服务营销，因此，服务与营销的业绩、质量、知识、能力与技能、态度等都是考核与管理的要素。其中，营销的业绩可以从日均存款余额、银行卡、各类代理产品销售情况等入手；质量可以从完成本职工作的准确率、内外客户的满意度入手；知识可以从对工作相关业务知识、规章制度的掌握情况等入手；能力与技能可以从完成本职工作和推进工作的能力以及对专业技能的掌握程度和运用熟练程度等入手；态度可以从对本职工作的热爱程度入手。将上述因素运用数学工具综合以后就可以得出最终考核结果。

柜面营销管理需要银行多个部门协同配合、组织实施、落实跟踪。一般而言，零售业务部门、中间业务部门、财务会计部门和人力资源部门等需要参与管理。

7.2 客户经理

客户经理主要是走出银行主动上门为客户提供服务的一支队伍，是银行与客户之间供需信息沟通、传递的主要桥梁。

客户经理是往来于银行与客户之间联系的“使者”，是银行品牌、形象、内涵的移动载体。客户的任何金融服务需求均可与客户经理进行沟通，客户经理也应主动与客户联系，从客户需求的实际出发，发现并引导客户需求，尽量满足客户的要求，对客户想要了解或期望的事情，客户经理要竭尽所能地去帮助客户解决。

7.2.1 客户经理内涵

一般认为，银行客户经理的工作是全面了解客户需求并向其营销产品、争揽业务，同时协调和组织全行各有关职能部门及机构为客户提供全方位的金融服务，在主动防范金融风险的前提下，建立和保持与客户的长期密切联系。可以说，客户经理既是银行与客户关系的代表，又是银行对外业务的代表。

一个优秀的客户经理应该是全方位、高素质、综合性的人才，承担着商业银行市场营销的职能，堪称银行的“眼睛和耳朵”。

银行经营策略的不同，客户经理的职责也不同。有些银行的客户经理仅提供前期的客户开发工作而不具体为客户提供服务，而有些则仅负责为现有客户提供服务而不开发新的客户。不过，我们大多数时候所指的银行客户经理是既要开发客户，又要为客户提供服务的这一类客户经理。一方面他们要花大量的时间去接触潜在客户，以自己的服务吸引客户；另一方面他们又要尽可能地为已有的客户提供各种“一对一”的个性化服务。

7.2.2 客户经理职责①

客户经理向客户提供包括业务洽谈、信息咨询、信息搜

① http://www.chinavalue.net/Article/Archive/2007/1/24/54999_2.html.

集、信息沟通等一系列综合服务，中高级客户经理还应该对客户的财务状况进行分析，提供咨询，并对客户所需的金融服务项目作出安排，帮助客户处理遇到的困难。所提供的产品或服务是一对一的。客户经理的职责并非仅仅是笑脸相迎，更重要的任务是对客户提供全面的金融服务，做到全天候、全方位地满足客户的金融需求。

客户经理的一般任务是：积极主动地寻找客户、评价客户；联系银行与客户之间的各种关系；作为客户的策略及财务顾问，向客户推荐和营销适当的产品；研究分析客户的需求并提出解决的办法；协调和争取银行的各项资源（产品）；及时解决客户提出的需求；了解竞争银行的客户策略并提出对策、建议；通过服务和管理客户为银行赚取合理的利润。银行将根据客户经理搜集、反馈的信息，快速策划并组织实施营销。

由于各家银行的规模大小和管理机制、岗位设置的差异，客户经理的具体职责也有差异。一般来说，客户经理主要有以下职责：

(1) 调查客户需求，分析市场形势，进行或组织进行金融产品和金融服务的创新活动。

(2) 根据客户需求，与客户探讨业务合作方案，有效地组织客户与银行产品部门之间的业务交流，把客户的需求与银行的产品开发有机地结合起来。

(3) 主动寻找客户，通过各种渠道与客户建立业务联系。

(4) 向客户营销、推介银行所有的产品和服务。客户经理可以与客户洽谈所有的银行产品。

(5) 搜集客户的各种信息，包括财务信息、生产信息、销售信息、管理资源信息、行业和产品市场信息等。对搜集到的资料进行整理，以此为基础建立并管理客户档案，保证档案的真实性、完整性和连续性。

(6) 写出关于客户或行业的综合评价报告及风险分析报告，供业务决策及风险控制部门参考。

(7) 根据银企合作方案撰写业务建议报告和风险控制报告。

(8) 对银行风险控制部门、相关产品作业部门和综合管理部门提出的有关客户存在的问题、疑问或要求提供的其他信息，及时作出回答或提交。

(9) 负责做好产品售后服务工作，及时发现双方合作中出现的问题，及时反馈客户的动态信息，对客户的经营状况进行动态监控，并及时提出建议报告。

(10) 一旦银行与客户发生业务关系，客户经理负责客户的日常管理，积极协助产品作业部门为客户提供服务。

(11) 客户经理具有客户调查、客户初步评价、产品方案设计、业务建议和客户管理的职责，但不具有向客户提供何种产品与服务的决策权，该决策权属于银行风险控制部门和业务决策部门。

(12) 研究客户的现实情况和未来发展，发掘客户对银行产品的潜在需求，并根据客户的需求与客户探讨业务合作方案。

(13) 定期拜访客户，维系与客户的良好关系，根据客户现有业务量、未来发展趋势和可能带来的综合业务收益，定期对客户价值作出判断。

(14) 拥有客户调查权和业务建议权，对客户提交的各种信息、材料、自己撰写的业务建议和工作报告的真实性、有效性负责。

(15) 负责贷款及其他授信业务的前期调查和后期管理，

采取必要措施监测、防范、控制和化解业务风险。

(16) 承担并完成银行规定的业务考核指标，包括存款、结算、贷款、客户开发、贷款质量和贷款收息等项任务。

(17) 处理或协助相关部门处理与客户有关的业务纠纷。

7.2.3 客户经理素质与知识

客户经理是一种高素质的、综合性的人才，承担着银行市场开拓与营销的职能，客户经理不仅要满足银行的需求，运用适当的营销技巧和良好的沟通艺术向客户推销金融产品和金融服务，更重要的是通过金融产品和服务的营销满足客户的需求，维护与客户的良好关系，这就需要客户经理具备较高的素质，以赢得客户的信任。

1. 客户经理的素质要求

客户经理的职业性质决定了其必须具备良好的道德素质、业务素质、人际沟通素质及心理素质。①

1) 道德素质

(1) 具备良好的职业道德和敬业精神，敬业爱岗，守信，遵纪守法，能吃苦耐劳，有责任心、事业心、进取心和纪律性。

(2) 能把强烈的社会责任感和使命感融入为客户的竭诚服务中，尽最大可能向客户宣传本银行的文化。

(3) 诚实守信，全心全意为客户服务，不作误导性或不诚实的业务介绍，也不能不负责任地随意承诺，更不能超越权限行事。

(4) 具有团队合作精神，相互配合，搞好上下协调、内外沟通。

---

① 客户经理必备的职业素质. http://wenku.baidu.com/view/38e96b294b73f242336c5f90.html.

(5) 个性开朗、坚毅、不轻言气馁。

(6) 知法、懂法、守法，严格执行银行的经营管理制度，自觉约束自己的行为，不做违规业务。

(7) 有忍辱负重的工作作风，廉洁奉公，不为名利所惑。

2) 业务素质

(1) 愿意接受和面对挑战，求知欲强，善于学习新知识并且善于向他人表达其观点和看法。

(2) 对金融市场、客户、新技术、新产品等方面的变化具有敏锐的市场洞察力，懂得如何去了解客户对产品和营销活动的反应，采取灵活多变的市场营销策略，及时对未来的市场走势作出科学、可靠的判断。

(3) 具有创新思想，乐于并善于创新。

(4) 工作效率高，工作作风稳健，不冒进。

(5) 具有丰富的营销技巧和经验，能够有效地利用银行内外的一切资源。

(6) 处事果断，善于应变，一旦确定了基本目标和策略，能很快将其付诸行动。

(7) 掌握银行能提供的所有业务和服务的知识，有较宽的知识面。

(8) 有一定的营销技能与分析、筹划能力，具备根据本职工作进行广泛而深入思考的能力和预见性。

(9) 尊重上级，服从安排，能与高层管理人员建立良好的工作关系，能通过合适的渠道将其建议提交给高层管理者，能有效地说服别人接受其建议并且能知道如何从其他部门获得必要的支持，对上级的决策有异议时，也能勇敢地表明自己的观点。

(10) 能主动向上级管理者提供关于业务状况的重要信

息，而不是被动地等待管理部门来询问。

3）人际沟通素质

（1）有一定的文化艺术素养甚至较高的艺术修养，知识面广，有见地，具有较为丰富的生活经历。

（2）有较好的形象与气质，衣着整洁，举止稳重大方。

（3）人际交往能力强，具有良好的协调和沟通能力，性格外向。

（4）有灵活的语言艺术，懂得基本的社交礼仪。善用诙谐、幽默的语言，能调节与客户会谈时遇到的尴尬气氛，善用委婉的语言来拒绝客户。

（5）善于借用外部资源。

（6）团结同事，善于合作。

4）心理素质

（1）性格外向、善于交际、勤奋活跃。

（2）对失败和挫折有较强的心理承受能力，具有较强的克服困难的勇气。

（3）不服输、能吃苦耐劳、不断进取。

（4）头脑冷静，不感情用事，善于灵活变通。

2. 客户经理的知识要求

客户经理知识的积累和增加意味着自身素质和能力的提高，客户经理应该掌握的知识的范围非常广泛，主要包括基础知识、行业知识、产品知识、市场知识和客户知识等。[①]

1）基础知识

客户经理的基础知识要求主要包括以下内容：

（1）经济学知识。经济学知识包括经济规律理论、通货

---

① 王鹏虎. 客户经理的素质、知识与技能. 价值中国网，2007.
柯小林. 客户经理基本素养.

膨胀理论、宏观调控理论、厂商理论、市场理论、现代企业制度理论、产业结构理论、经济周期理论、企业集团理论和公司治理理论等。

(2) 法律、法规知识。法律、法规知识包括《民法通则》、《公司法》、《经济合同法》、《企业破产法》、《物权法》、《担保法》、《中国人民银行法》、《商业银行法》、《中华人民共和国银行业监督管理法》、《票据法》、《保险法》和《贷款新规——三个办法一个指引》等。

(3) 管理学知识。管理学知识包括计划、指挥、协调、控制、激励、决策、战略和组织设计等内容。

(4) 会计学知识。客户经理应该了解会计核算基本程序、会计记账法、会计科目、账户、会计分录、会计凭证等，能够阅读资产负债表、利润表和现金流量表。

(5) 财务管理知识。客户经理应该了解财务预测、决策、预算、控制、分析等知识。

(6) 金融学知识。客户经理应该了解货币、货币流通、银行信用、利息和利息率、金融资产、汇率、金融体系、货币供给、货币需求、货币均衡、货币层次、国际收支、国际信贷等概念。客户经理还应该掌握如何分析银行自身的经营状况。

此外，作为客户经理还应了解一些有关心理学、社会学、人文及自然科学方面的知识。

2) 行业知识

(1) 作为客户经理，应该了解客户所在行业的发展、现状和趋势以及有关客户的知识，这里主要有两个目的：一是为了满足与客户在这方面进行沟通的要求；二是为了判断客户活动是否体现了行业的方针政策。

(2) 有关客户的知识有客户的历史沿革，客户在同行业中的地位，客户的质量方针、规章制度，客户的销售和定价政策，客户的服务内容等。

3）产品知识

（1）客户经理须掌握的产品知识的最低标准是满足客户想了解什么，想知道多少和应包括的相关知识，通常，客户喜欢能为其提供大量信息的客户经理。

（2）一般来说，客户经理应对自己的产品有以下方面的深入了解：产品的服务对象、产品的价格、产品的业务流程、产品的收益率、产品的风险状况、产品的使用期限等。

4）市场知识

（1）市场是客户经理展现才华的舞台，了解市场运行的基本原理和理论，是客户经理获得成功的重要条件。由于营销活动涉及各种各样的客体，有着十分复杂的方式和内容，所以，作为客户经理应掌握的市场知识是十分广泛的。

（2）客户经理应努力掌握市场经济的基本原理、市场营销策略和方法、市场调研与市场预测的方法、供求关系变化的一般规律、计划编制知识、现实客户的情况、购买力、市场环境、市场容量等知识。

5）客户知识

深入了解客户的业务，发现客户的特点，针对其特点提供更优质的服务是客户经理的工作职责。客户经理应具备的客户知识包括：了解客户的心理、性格、习惯和爱好，了解客户的购买动机、购买习惯、购买方式、购买时间和购买水平等内容。

7.2.4 客户经理专业技能[1]

一个合格的客户经理不仅需要具备基本素质和广博的

---

① 陈立金. 银行客户经理25堂课[M]. 北京：中国经济出版社，2009.

知识，还应具备一定的专业技能。

客户经理应具备以下专业技能。

1. 客户调研技能

客户调研技能包括如何确定调研目标、如何制定调研计划和方案、如何选择调研方法和调研形式、如何进行资料搜集、如何分析调研资料、如何取舍调研内容、如何撰写调研报告等。一般来讲，调查内容包括市场环境调查、市场需求及容量调查、客户调查、产品调查及银行产品使用情况调查等。

有时由于自身力量有限、客观条件限制等原因，银行会采取委托外部机构进行调查的方式。此时客户经理应特别注意和被委托者的沟通，以免出现调查结果不符合要求等情况。

2. 客户评价技能

借助客户财务报表、规章制度、访谈资料、媒体报道、行业研究等资料对客户进行以法人评价、财务评价、市场评价为主要内容的全面评价，寻找和发现客户的核心竞争优势和价值，以此作为是否培育此客户的决策依据。

3. 产品和服务组合设计技能

根据客户情况、客户需求、银行所能提供的产品以及所能调动的外部资源进行产品和服务的组合设计，为客户量身定制金融产品组合，满足客户个性化的金融需求。

4. 财务技能

(1) 财务安排技能。财务安排技能包括测算客户资金往来的现金流量及其期限结构；协助客户建立大额收支预报制度和现金流量管理的基本框架；协助客户确定资金的使用期限和方式、设计资金综合管理方案；组织资金管理方案的实施并协助客户完成财务运作。

(2) 财务分析技能。通过对客户资产负债表、利润表、现金流量表及其他财务资料的分析，了解客户的盈利能力、偿债能力、营运能力及发展能力。能撰写财务分析报告，并提出加强财务管理的建议。

5. 非财务分析技能

非财务分析技能包括管理、经营、市场等方面的分析技能。

6. 方案运作技能

客户经理应能设计营销方案并依据方案协调有关职能部门、支行和人员展开具体服务工作。

7. 客户维护与管理技能

运用各种工具维护并扩大客户同银行的合作关系，留住现有客户，提高客户忠诚度，发展新客户。

8. 营销技能

营销技能具体包括寻找和识别目标客户、说服客户、与客户达成合作意向、处理客户异议、维护客户关系、与客户谈判等技能。

9. 人际沟通技能

人际沟通技能包括提问、说明、倾听、反应、解释、观察等。

7.3 客户经理制

客户经理制是银行适应市场和客户需求变化所作出的一种制度安排。在这一制度下，银行配备专业营销人员，与客户建立全面、稳定的服务关系，营销银行产品，搜集客户需求，为客户提供高质量、高效率、全方位和个性化的金融服务。

客户经理制最早出现在西方银行业。在现代社会，银行间的竞争手段和方式千变万化，但万变不离其宗，最终都要落到控制客户资源、增加银行覆盖力的目的上来，而客户经理制就是通向这一目标的有效途径之一。

客户经理制的精髓在于：通过实施“一对一营销”和“一点接触”，在银行和客户之间建立起一条距离最短、双向互动、自我调整和自我修复能力极强的服务通道，达到最大限度地发现和满足目标客户需求的目的。

银行实行客户经理制，要求客户经理直接面对客户，全面负责协调、处理银行与客户的所有业务关系，推动银行业务的运作，直接往来于银行和客户之间，既是银行的“涉外使节”，又是双方业务的代理人。客户对银行的各种金融产品需求不必再找银行的各个业务部门，而是通过客户经理就可以全部得到办理。银行通过客户经理也可以对客户进行整体的把握，实行统一的客户战略，而不是像过去那样由各个业务部门分别直接面对客户，现阶段由于各个部门之间缺乏联系与沟通，因而很难对客户情况进行总体分析和把握。

7.3.1 客户经理制的理念①

客户经理制包含着全新的经营理念。

1. 客户导向理念

重视客户、尊重客户是客户经理制最核心的理念。客户导向理念经历了客户至上、客户第一、客户满意、增加客户价值四个发展阶段。增加客户价值是目前最先进的理念，是指通过向客户提供产品和服务，使客户价值增加，让客户享受

① 危国海(中国建设银行三峡分行). 关于健全商业银行客户经理制的思考. 光明日报.

增值服务。对银行而言，就是要通过高质量的金融服务，使客户收益增加，风险降低，运营效率提高，增加客户的价值。

2. 营销一体化理念

客户经理制通过整合各种营销资源，实现市场营销的专业化，使金融产品的营销与生产脱离，拓展到包括市场调研、营销战略和策略、营销组织、广告促销、公共关系、技术指导、售后服务等诸多领域。

3. 核心客户综合开发理念

对于创造利润的重点优质客户，银行要给予高度重视和关注，配备等级最高、实力最强的客户经理，最大限度地满足和开发核心客户的金融服务需求。

4. 个性化产品和服务理念

客户经理要根据客户需求的个性化差异，设计个性化定制服务，提供金融和非金融的差别化服务，尽可能地为客户增加价值。

5. 金融服务创新理念

客户经理直接面对客户，最了解客户和市场的需求，应该成为金融创新的推动者，敏锐地捕捉客户的需求信息，与产品部门联合进行产品创新设计。

6. 深化金融服务技术内涵理念

客户经理提供的是专业服务，需要综合运用各种知识和技能，提高服务的技术含量，树立服务品牌，赢得客户的信赖。

为适应不断变化的新形势，银行营销工作必须寻求新的突破，走出"做客户的朋友"的浅层次水平，真正以市场和客户为导向，全面引入专业性更强的"客户经理制"，提升银行服务水平，培育核心营销优势。

7.3.2 客户经理资格认定

客户经理是银行营销和经营的主要力量。为确保客户经理队伍的战斗力，银行一般会对客户经理提出任职资格的要求，并且还需要对客户经理进行等级管理，将客户经理划分为若干级别，以适应银行自身发展的需要和客户的需求，对客户经理实行分级差别管理，对客户实施差别服务。

对客户经理任职资格的要求通常根据客户经理应该具备的素质、知识、专业技能等方面来设定。

对客户经理的等级管理通常采用分级的办法。例如，有些银行把客户经理分为初、中、高三级；有些银行实施更为细化的分级管理，把客户经理分为五级甚至十级。

客户经理在上岗工作之前一般需要经过资格认定和涵盖素质、知识、技能的综合考核，合格之后才能上岗履职。

7.3.3 客户经理工作管理[①]

客户经理制作为一种管理制度，在运行和实施中应该关注客户经理的配置、管理、考核等诸多问题。

1. 客户经理的规划和调配

客户经理制需要通过合理的调配和规划人力资源使其使用价值最大化，以期实现银行利润最大化的目的。

1）客户经理的规划

客户经理的规划是分析商业银行在不同情况下对客户经理的需求，确保有适当数量的合格的客户经理，从而实现银行的长期或短期的目标。

① 李立民. 对商业银行实施客户经理制中人力资源的思考[J]. 哈尔滨金融高等专科学校学报，2003年9月第3期.

(1) 客户经理的规划是为了测算银行所需的适量的客户经理队伍。

(2) 预先做好客户经理队伍的储备，避免因退休或发生意外导致客户经理人员短缺而引起的经营问题。

(3) 帮助客户经理规划个人的职业发展计划，提升个人素养和工作能力，满足客户经理个人的成就感。

(4) 配合银行的其他政策及营运计划，提高客户经理长期的工作效率和效果。

2) 客户经理的调配

就银行而言，除了要了解、分析银行内部的客户经理供求状况外，还要检查客户经理的能力是否得到了充分的发挥和利用，其能力是否适合营销工作要求。客户经理的调配就是促进人与事的配合，充分开发与合理使用客户经理资源。

(1) 客户经理的调配是人尽其才的手段，人的才能各异，只有把人放在最适合的岗位、职位上才能发挥出各自的潜能。

(2) 客户经理的调配是激励客户经理的有效手段，客户经理的调配包括职务的升降和平行调动，由于内在的激励作用和面对新的工作环境、工作内容的变化，可以使人产生应对挑战的激情，有利于挖掘客户经理的潜能从而提高工作效率和取得更好的成果。

(3) 客户经理的调配是实施客户经理资源培育计划的重要途径，通过调配，架构并完善客户经理资源，使之趋于合理，提高客户经理资源开发利用水平，使客户经理创造更多的效益。

2. 客户经理制的岗位管理

客户经理是联结银行和客户的桥梁和纽带，客户经理制运行的稳定性直接影响商业银行的营销水平。

银行需要通过制度来保证客户经理队伍的相对稳定，健全客户经理录用机制。为此，可以采取公开竞聘、资格考试、岗前培训、持证上岗的方式，面向内部员工和外部人才选聘足够数量的客户经理。在聘任程序上，可采取“自愿申请、公开竞聘、基层审荐、上级核准”等方式进行。

1）客户经理的上岗管理

(1) 资格审查制度。资格审查制度对各级客户经理的准入资格及审查认定的方法、步骤进行规定。

(2) 竞争上岗制度。通过引入竞争机制，选拔优秀人才，带动人力资源整体素质的提高。

(3) 上岗培训制度。客户经理聘用前必须经过岗前培训，岗前培训的重点应放在基本技能的培训上。同时，对培训的结果进行考核，对于不合格的人员重新培训或予以淘汰。

2）客户经理的在岗管理

(1) 职业道德和行为规范要求。通过不断提高客户经理的道德修养，防范道德风险，加强职业行为规范化管理，树立良好的职业形象和社会形象。

(2) 依法对开展的业务进行管理。客户经理代表的是银行的形象，应加强对客户经理的业务合规性、合法性监督，避免因为个体性行为给银行带来声誉风险和损失。同时，各等级客户经理应在银行的授权范围内开展营销工作，在管理中应避免客户经理越权行为带来的经营风险。

(3) 保密制度。对于客户经理在开展业务过程中所获知的银行和客户的商业秘密必须制定和建立相关的保密和保管制度。

(4) 在岗培训制度。客户经理培训是一项持续性的系统工程，银行应根据业务的发展、产品的创新和市场的变化，制定适合自身特点的客户经理中长期培训方案，分阶段对客户经理进行有针对性的培训，采取讲座、报告、业务研讨、案例分析、情景模拟、角色扮演、轮岗交流、集中授课和送往高校深造等多种形式，提升客户经理的综合素质，提高客户经理的服务和营销水平，以不断满足客户在服务内容和层次上的需求。

(5) 业绩考核制度。分阶段对客户经理的业绩情况进行考核，综合评价客户经理的工作绩效，并作为客户经理等级评定的重要依据。

(6) 等级评定制度。对客户经理应根据业绩情况定期地进行等级评定。

(7) 岗位交流制度。在不影响业务正常开展的情况下，按照业务发展的需要及等级评定的情况对客户经理进行适当的岗位交流。

3) 客户经理的离岗制度

(1) 淘汰制度。建立客户经理退出机制，对工作绩效综合评价认定中不合格的客户经理实行降级和淘汰，甚至取消其客户经理的资格。

(2) 离岗审计制度。对调离客户经理岗位的人员进行离岗审计。经审计发现有违反法律、法规行为的，按有关规定进行处理。

综上所述，客户经理制的实施可能会对原有的分配机制形成较大的冲击，在资源的重新配置上也可能会带来客户经理费用的列支、奖励激励机制的建设等各种新问题，银行管理层必须审慎推行客户经理制。

7.3.4 客户经理考核管理

建立健全客户经理制的考核管理是加强客户经理队伍建设，提高客户经理整体素质的一项重要工作。科学合理的考核激励机制是推行客户经理制的中心环节。通过日常考核、定期考核、晋升考核、新的客户经理的招收考核等制度的建立，发现人才、合理使用人才、优化人才结构、提高客户经理水平，从而提高银行的核心竞争力和盈利水平。

对客户经理的考核激励以客户经理个人或客户经理小组为基本单位，考核的总体原则是科学化、制度化、全方位、重实绩，兼顾激励与约束、合作与竞争、银行短期目标与长期利益等因素。

1. 客户经理考核内容①

客户经理的考核内容包括德、能、勤、绩四个方面。

(1) 品德。品德是指客户经理的政治思想素质、道德素质和心理素质。品德是一个人的灵魂，它决定一个人的行为。

(2) 能力。能力是客户经理认识世界、改造世界的本领，包括动手操作能力、认知能力、思维能力、研究能力、创新能力和表达能力等方面。

(3) 勤奋。勤奋是指客户经理的勤奋敬业精神，是客户经理的工作积极性、创造性、主动性、纪律性和出勤率等，客户经理制要求客户经理在工作中投入全部的体力、智力和感情。

(4) 绩效。绩效是指客户经理的工作业绩，包括工作完

① 李立民. 对商业银行实施客户经理制中人力资源的思考[J]. 哈尔滨金融高等专科学校学报，2003 年 9 月第 3 期.

成的数量、质量、经济效益和社会效益。对客户经理的考核过程中绩效应作为考核的重点。

对客户经理的激励主要依据客户经理的经营业绩和管理指标两个方面：经营业绩主要指客户经理所服务的客户给银行带来的相对收益；管理指标包括客户对客户经理服务质量的评价、新产品的营销、客户基础管理、贷款质量、客户经理的经营行为是否合规、责任感和协调等方面。

2. 客户经理考核方法

客户经理绩效考核采取定量考核结合定性考核的考评方法，定量考核按贡献额的一定比例为准；定性考核按计划完成和工作质量为准。

1）客户经理的定性考核

（1）考核项目。考核项目包括客户经理完成的资产、负债和中间业务等任务的情况；客户经理完成的工作日志数量和质量；营销服务方案的质量；客户分析报告的质量；客户经理搜集、反馈的信息质量；客户对客户经理服务质量的评价；个人营销综合素质评估；团队协作精神八个方面。

（2）考核方法。采取自评、客户抽样评价、主管领导评价和相关部门评价相结合的综合评价方法。定性考核由各支行（信用社）组织实施，报总（分）行（联社）考核领导小组审定。

2）客户经理的定量考核

（1）考核项目。考核项目包括本外币存款、结算业务量、本外币贷款、贷款退出、贷款清收、各类中间业务手续费和代理费收入、电子银行相关业务收入等。

（2）考核方法。对客户经理的定量考核一般按照综合贡献额为准，综合贡献额分为基数贡献额和超额贡献额两部分。基数贡献额指通过客户经理服务的所有客户上年度给银行带来的客户贡献额，超额贡献额指基数贡献额度基数以上的超额部分。两部分相加的综合贡献额即为客户经理定量考核的主要依据。

客户经理的奖惩激励取决于考核结果。客户经理的薪酬管理根据定性考核和定量考核的结果进行。

7.3.5 客户经理薪酬管理①

现实中，客户经理的薪酬管理是一大难题，牵一发而动全身。客户经理薪酬高低直接影响客户经理的工作积极性和银行的效益，究竟会出现银行与客户经理“双赢”，还是“双输”的局面考验着银行决策管理者的智慧和经验。

把握全局、总体筹划、科学计算、精心实施可能是破解客户经理薪酬管理难题的密钥。

1. 薪酬与功能②

薪酬是银行对客户经理所提供的收入，是银行的一种成本支出，代表着银行和客户经理之间的一种利益交换关系，本质上是客户经理在为银行提供劳务之后获得的一种补偿。

对客户经理来说，薪酬可以满足其在吃、穿、用、住、行等方面的基本生存需要；可以满足自身在娱乐、教育、自我发展等方面的发展需要；还可以影响客户经理的工作行为、工作态度以及工作绩效，可以产生激励作用。客户经理薪酬需求得到满足的程度越高，则薪酬的激励作用就越大。当然，不合理的薪酬制度会严重影响客户经理的工作积极性和成效。

---

① http://wenku.baidu.com/view/0af06141be1e650e52ea99f6.html.

② 佟天佑．中小型企业薪酬的三个功能．中国劳动网，2004 年 8 月 3 日．

此外，客户经理所获得薪酬水平的高低实际上还在向其他人传递着一系列信息，人们可以根据这种信息来判断特定客户经理的家庭、朋友、职业、受教育程度、生活状况甚至宗教信仰以及政治取向等。

2. 薪酬管理原则与内容

薪酬需要管理，客户经理的薪酬管理是在银行发展战略指导下，对客户经理薪酬的支付原则、薪酬策略、薪酬水平、薪酬结构、薪酬构成进行确定、分配和调整的动态管理过程。

薪酬管理遵循公平性原则、竞争性原则、激励性原则、经济性原则和合法性原则等。

薪酬管理主要包括薪酬体系、薪酬水平、薪酬结构、薪酬形式、特殊群体的薪酬和薪酬政策等内容。

迄今为止，银行对于客户经理的薪酬管理并无既定模板可供套用，是各家银行致力于探索的一大难题。

我们认为，客户经理薪酬管理的核心在于确定薪酬总体水平标准及其差异幅度、定性考核体系的定量转化、定量考核中的存量与增量考核、薪酬结构的分解和细化程度、客户经理薪酬与其他岗位薪酬的差异政策等。

各家银行客户经理薪酬体系的建立应该通过专项研究和开发薪酬管理系统来完成，盲目借鉴甚至套用其他银行的薪酬管理系统很难取得成功。

思 考

◇ 柜面营销人员和客户经理需要具备的知识和专业能力有哪些？

◇ 柜面营销考核的主要内容是什么？

◇ 简述应采用什么方式评价客户经理的专业技能为宜。

◇ 客户经理制的理念是什么？怎样运用于营销实践？

◇ 客户经理薪酬管理的内容有哪些？做好薪酬管理的核心是什么？

第二篇

员工的营销实务——方法与技巧

任何成功的营销都是战略与战术的完美结合。当银行决策管理层在科学、先进的营销理念指导下精心制定了营销战略规划，针对复杂多变的营销环境不断调整营销策略，恰当选择了目标市场并进行定位之后如何能确保营销的最终成功呢？答案就在于：采用有效的方法和技巧去实现先进的理念与策略。

营销工作是一项实践活动，需要营销人员亲历亲为。营销过程是一个不断接洽客户、与客户沟通谈判、选择客户、管理客户关系的过程。

对很多银行营销人员来说，需要学习待客之道和沟通谈判的方法与技巧，以便与形形色色的客户打交道。

客户是银行的衣食父母，如何进行客户调研、客户评估、筛选出目标客户、与客户建立关系、维护关系、增进互信、识别优质客户、退出某些客户等，这些营销实务工作既需要以相应的理论、制度和策略为基础，也需要掌握一定的方法与技巧。

第 8 章

沟通谈判与待客技巧

引言：沟通有方，取胜之道

营销是科学又是艺术，更是实践活动。营销活动就是与客户接洽、沟通、谈判达成共识，达成协议的过程。

待客技巧和沟通谈判是很基础却又值得深入钻研的学问和艺术，是每个生活在现实社会的人都必须掌握的生存之道。对外营销是沟通，对内管理亦是沟通。

掌握待客技巧和沟通艺术是银行营销人员的必备技能。营销人员的言行举止、服务礼仪、沟通艺术等处处体现了银行的形象和风貌，决定了营销的成败。

不仅是银行的营销人员需要掌握沟通技巧，银行的决策管理团队更需要学习沟通艺术。管理的过程也就是沟通的过程。银行管理有四大职能：计划、组织、领导和控制，而贯穿在其中的一条主线即为沟通。沟通是实现管理职能的主要方式、方法、手段和途径，是现代银行管理的核心、实质和灵魂。

8.1 沟通谈判

沟通无时不在、无处不在，在工作中，与领导、同事、客户等需要沟通；在生活中，家人之间、亲友之间需要沟通。可以说人活在这个世界上就必须要与他人沟通。

沟通的方式很多，可以当面沟通，可以使用电话或是短信进行沟通，也可以通过网络来沟通，甚至可以用肢体语言进行沟通。

银行业作为特殊的服务行业，沟通显得尤为重要，没有沟通便没有服务，也就无法将金融产品销售出去。银行既需要外部沟通，也需要内部沟通。

有研究表明，银行对外的市场营销和拓展，对内的管理大部分精力都集中在沟通上，沟通障碍是银行改善经营管理，提高效率的主要症结所在。

8.1.1 外部沟通[①]

银行与外部的客户、媒体、同行业竞争者、政府部门以及其他利益相关者的沟通属于外部沟通。相对而言，银行与客户的沟通是最重要的外部沟通，柜面营销人员和客户经理扮演着一个很重要的沟通角色，不论何时何地，他们都代表整个银行的形象，因为客户对银行的印象，来自他所接触的银行营销人员带给他的切身感受，决定了客户是否愿意再次光

---

① 开发客户的流程．广东金融学院金融系．http://www.doc88.com/p-71261052636.html．

银行客户经理十大营销技巧．http://wenku.baidu.com/view/e240e818227916888486d79e.html．

临，并依赖这家银行。

1. 访问客户前的准备

相对于柜面人员主要从事等客上门式的服务，客户经理则是走出银行，主动拓展客户、服务客户的主力军。

主动服务是现代银行营销的灵魂和精髓。

对客户经理来说，在选好目标客户之后，就要拜访目标客户。在正式接触客户之前，客户经理要为与准客户进行营销面谈而做好一系列的事前准备工作，以减少接洽时犯错的可能性，正所谓“良好的开端是成功的一半”。

1）客户资料的采集与分析

俗话说“工欲善其事，必先利其器”，在约见拜访客户之前，客户经理要尽可能地采集与目标客户相关的各种资料。

客户资料的采集可通过以下几种渠道获得：

（1）通过客户经理的人际关系，获得客户信息。

（2）通过包括网络在内的各种媒体获得。

（3）通过一些有意识的组织活动来获得。

（4）从竞争对手那里合法地获得客户列表及资料信息，这些竞争对手的产品或服务可能不适合目标客户。

（5）其他外部渠道。

目标客户的信息一般涵盖以下几方面内容：

公司客户：

（1）公司的基本信息。

（2）行业的基本情况。

（3）宏观经济状况及区域经济信息。

（4）企业生产经营状况，近几年的销售量的变化趋势。

（5）与其他企业的业务关系状况。

（6）与客户的关系状况和客户对其的评价。

(7) 产品国内外市场和需求的变化情况。

(8) 主要人员的简历及决策者的素质。

(9) 资信状况、有无不良信用记录等。

个人客户：

(1) 品行。

(2) 经济来源及其稳定性。

(3) 职业与工作经历。

(4) 健康状况。

(5) 客户目前的工作岗位状况。

(6) 爱好与特长。

(7) 诉求和期望等。

客户经理在采集各种客户信息之后，需要对资料进行系统的整理、分析、判断与妥善保管，根据资料的特征可以采用多种方式进行记录，包括采用比较有效的表格文件进行记录，对于主要资料、数据最好牢记在心，便于与客户当面沟通时使用。同时，还要注意不断更新相关表格的具体数据，以保持客户信息记录的及时、连续、详细和准确。

整理好各种资料之后，客户经理就要按照银行确定的标准选择优质的客户作为目标客户，进而制订合适的访问计划，如访问客户目的、访问对象、访问时间和地点、访问路线和营销工具等。

小贴士

优质客户的鉴定标准

按照金融客户主体的不同，对金融客户进行不同的分类并确定各自的评价标准。

(1) 优质公司客户的主要标准：

在短期内有比较好的现金流；

在行业中具有领先地位或在行业中的位置比较靠前；

具有特有的核心的竞争力；

纳税大户；

工商执照、从业资格证照、相关许可证和授权书等齐全，从事符合国家产业政策鼓励和扶持的行业和产品的经营活动；

行业或产品技术科技含量高，产品或服务处于成长或成熟前期，有广阔的市场需求；

社会形象好，地位高，市场地位牢固，已经发行股票并公开上市；

客户众多，经营状况良好，在其他金融企业无不良信用记录，各项财务比例指标合理，尤其是债务比例低或无负债；

连续多年经营业绩良好，机制灵活，管理科学，治理结构合理；

主要经营管理和决策人员素质高，经验丰富，有良好人际关系和雄厚的社会背景，且成功的经营管理业绩；

重合同守信誉，有良好的企业文化和凝聚力，主要骨干人员相对稳定，重视员工福利和教育；

本金融企业能够为其提供具有优势的金融产品和服务，且金融产品和服务需求量大；

其中，经营和盈利能力、信用水平和有金融产品及业务的需求是其中的主要指标。

(2) 优质个人客户的主要标准：

个人素质好，有较为完善的教育经历，法律意识强，注重社会公德和个人品质修养，社会关系良好，个人信用等级高；

有较好的经营、创业能力；

个人从事较高收入的职业，地位、级别、职称高，主要负责管理和高技术工作；

连续多年交纳个人所得税税额高；

有高的人生追求和个人抱负；

热爱生命，生活观念积极，身体状况良好，宗教信仰正常，无赌博、吸毒和道德败坏等恶习；

在其他金融企业无不良信用记录，无犯罪记录；

有金融意识，主观上有经常性的金融产品和服务需求；

客观上有金融产品的购买能力和行为。

2）营销资料的准备

(1) 客户经理需要准备好本行的介绍资料，全面掌握本行的基本情况，还要准备有关产品的详细介绍资料，让客户对本行和银行相关金融产品有一个清晰的了解。

(2) 必要的宣传资料，如新闻、广告之类的，附带有产品的图片、介绍、功能、优惠情况等。

(3) 产品和服务的卖点。本银行产品和服务对客户的吸引点有哪些？产品自身有哪些特点？与同行业的竞争者相比，本银行所提供的产品又有哪些比较优势？是业务办理的流程短还是产品的价格较低，抑或能够给客户带来增值服务？所有这些银行营销人员都要烂熟于心，随时接受客户的咨询。

3）心态准备

调整好心态是客户经理在接触客户之前需要掌握的一种能力，往往我们越重视一件事情，便可能会因为紧张而不能发挥出应有的水平。客户经理要学会克服拜访的恐惧心理，这种恐惧实际上来源于对所见客户的不了解和拜访结果的不可控制，无法预料客户会谈论什么，但是客户经理可以根据可能的谈话主题和内容大致准备一个应对的提纲即可。其实，客户经理只要具备良好的心态，加上扎实的知识功底，就能够从容地克服困难，乐观主义者总是想象自己实现了目标的情景。

4）工具的准备

与客户正式沟通之前，客户经理有必要准备适当的营销工具，以便吸引客户的目光。例如，准备一套足以增加自己自信心的行头，一个干净、整齐、内容丰富的公文包，一张款式新颖的名片，包装精美的银行产品宣传资料等都是营销前必要的工具准备。

电话沟通是第一次与客户沟通的最好方式，客户能够切实感受到客户经理的存在。

2. 接触客户

1）预约客户

客户经理在拜访客户之前，最好先通过一定方式与客户进行预约，视预约情况再与客户进行接触，这样做既表示了对客户的尊重，又容易获得客户的好感。

一般来说，客户经理可以通过以下几种方式来约见客户：

第一，面谈约见。

客户经理找一个合适的时间，约客户面谈，确定双方下次见面的时间、地点和方式等。采用这种方式约见客户时，客户经理一定要注意自己的一言一行，无论是用词还是语气，都必须坦率诚挚，中肯动听。

第二，委托他人引见和约见。

客户经理还可以委托他人代自己来引见或者约见客户。需要注意的是，客户经理应该委托与自己非常熟悉且信任的人。这种方式一般在代约人与客户很熟悉或客户经理很难直接约见到客户时采用。

第三，通讯工具约见。

客户经理还可利用各种现代通讯工具约见客户。其中，最常用的是电话约见。客户经理在与客户进行电话沟通时要注意以下几点：

(1) 做好充分的心理准备。客户经理在与客户进行电话沟通时，可以暂时把客户当成自己的一个好朋友，保持心态平和。从语言、语调中，客户就会感受到自己的良好心态，即使素未谋面，也可以给客户留下好印象，向成功迈出第一步。

(2) 谈话内容简洁明了。客户经理在打电话时，自我介绍要简短清晰，突出需要沟通的主要问题，在最短的时间内向客户传达最有效的信息。时间对于很多潜在客户来说都是弥足珍贵，如果客户经理毫无条理可言，潜在的客户会产生排斥心理，不会有合作意向。同时，客户经理打电话时要准备好纸和笔，记录约定见面的日期、地点、客户住址等内容。

(3) 学会适可而止。客户经理在拨打客户电话时，如果长时间没人接听，要马上挂断电话，因为客户当时可能有很重要的事情不方便接听电话，电话铃声不停只会招致客户的反感。而且要注意，尤其是在第一次与客户联系时，语言不要太过亲密或热情过头，只需要简单地问候一下，让对方知道自己是谁即可。

(4) 客户可能采用的拒绝方式。客户经理打电话沟通的最终目的就是约客户进行面谈，然而，胜败乃兵家常事，遭受客户拒绝的情况也很常见。电话约访常见的拒绝有以下几种：

- 对不起，我很忙，没有时间。
- 我暂时不需要这种服务。

- 不好意思，我对你们不了解。
- 好的，谢谢，请你先把资料传真过来。
- 谢谢你，如果有需要，我会再打电话的。
- 不好意思，我们已经与别的银行在合作。

2）正式拜访客户

与客户的直接沟通和交流是营销过程中不可缺少的环节，是最具实效的营销活动。与客户面对面的接触是视觉、感觉和知觉的综合过程。客户经理与客户的接触需要注意仪容、仪表，合理使用语言、表情和动作，注重展示自己的综合素质。

在拜访客户的时候，有些细节值得引起客户经理的注意。在与客户见面之前，仔细回顾一下即将拜访的个人或者公司的有关信息数据，将相关材料整理好，提前酝酿一下情绪。如果客户经理提前到达，不要在约定的地点随意溜达，倘若在客户所在公司，则可以向公司的接待员说明身份，要拜访的对象和拜访目的，在会客室或受访者的办公室耐心地等待客户。

见到客户并且确认受访对象正确无误之后，先行握手寒暄，交换名片，出示函件，送上礼品等。寒暄语言要诚恳、热情，适当使用幽默的方式，根据对方身份爱好从客户日常话题入手。

当正式进入谈判阶段时，客户经理要多听少说，适当提问，请教客户，了解客户的需求和动机，结合客户情况，有针对性地介绍产品和优势服务。重点的方面要适当地反复确认，如客户面临的困难和新情况，过去存在的问题，客户对同业竞争对手的抱怨等。

当拜访目的达到或基本达到时，根据客户的反应和态度来确定告辞的时机。客户经理可以索取客户愿意提供的有关资料，留下联络方式。最后应感谢客户，有礼貌地道别。

3. 第一次与客户沟通

第一次与客户沟通涉及三个关键性问题：说什么、如何说和怎样取得客户的理解与信任。

沟通和交流的效果不仅取决于我们要表述的内容，还取决于我们说话的方式、外表以及对方对我方信息的接收。对于初次见面来说，对方对我方信息的接收更为重要。

有研究表明，就初次见面给客户的印象而言，55%来自客户的理解，7%来自我们所说的内容，38%取决于我们采用什么方法来表达所说的内容。

初次见面说什么，是每一个客户经理在与客户交往过程中所面临的首要问题。银行客户经理与客户第一次见面的形式是多种多样的，或在聚会上，或在银行，或在客户的办公室等。

这里，我们以客户经理上门与客户见面为例，介绍一下与客户第一次见面时的技巧。

1）自我介绍

客户经理在作自我介绍时不要怯场，态度不卑不亢，既要有自信，又要尊重对方，自信是营销成功的关键。

自我介绍时要介绍自己的全名，不能只介绍自己的头衔，可以告诉客户自己从事的职业。鉴于中国的国情，如果你想让客户了解你的职务情况，以便于客户称呼，可以通过递送名片的方式来解决，在自我介绍之后将名片双手递上。

客户经理不仅要介绍自己的名字，还要向客户提供有用的信息，这样双方就比较容易延续下面的话题，不至于太尴尬。同时，这些信息还可以向客户起到暗示作用，为将来的业务交往作铺垫。例如，“王总，您好！我是××银行的安鸿宇，一直从事客户服务工作，这是我的名片。”语言简洁明了，表达清晰，给人以干练清新的感觉。

言简意赅地介绍自己以及所供职的银行。可以用一两句话，简要而中肯地介绍自己的资历、现在所拥有的客户以及所代理的总资产，切忌漫天吹嘘、夸夸其谈，以免给客户留下浮夸的印象，产生不信任感。

2）确定适合的谈话主题

如果同客户还有交谈的时间和可能，要根据以往对客户信息资料的了解，确定一个谈话的主题。一般情况下，客户经理在谈话中起主导作用，客户一般处于被动交流的地位，因此，客户经理要尽快把谈话的主题吸引到客户感兴趣的话题上来。

客户经理应避免过多谈论具体产品，那样很容易给客户造成推销的印象，可以自己的职业为主线，选择一些相关的话题。

客户经理可以就地取材。如果你对客户的偏好不是太了解，客户案头的东西就很有用，它能够泄露主人的性格、爱好和风格。悄悄留意一下上面摆放着什么，摆放的位置等，对你选择一个合适的话题会有很大的帮助。

避开敏感性话题。敏感性的话题很容易引起争议，即使双方不表露，也会破坏和谐的气氛，造成客户心理上的抵触。尤其不要谈论涉及客户隐私的话题，如客户的身体状况、年龄、收入等。话题的内容可以宽泛些，选择一些容易引发评论和讨论，并能拓宽别的领域的话题。

3）运用观察、倾听、提问等方式

客户是银行生存的基础、银行营销和服务的对象、银行同业竞争的焦点。客户的需求包括金融产品的需求，如结算的需求、融资的需求、投资的需求和理财的需求等；消费心理的需求，如安全、周到、热情、权益等。识别并满足客户需求是客户经理最重要的职责，了解客户需求可以通过以下方式：

第一，学会观察。

观察的目的：了解客户的需求，提供不同的服务。

观察的角度：年龄、所办业务、职业等。

观察的方法：熟客、生客。

小贴士

你会看吗？

- 他行色匆匆，直奔柜台。
- 他东张西望，左顾右盼。
- 他小心翼翼，犹豫不决。
- 他没有耐心，牢骚满腹。
- 拿着卡排队。
- 活期存折上钱比较多的……

第二，注意倾听。

听的方式：积极、认真。

听的结果：听事实、听情感、听机会。

听的原则：用心去听。

小贴士

你会听吗？

- 你们对优质客户有什么优惠吗？
- 你们这儿每天都是这么多人真不方便！

- 你们的电话不是占线就是打不通！
- 你似乎是刚来的吗？
- 有别的什么获利(储蓄)方式吗？
- 你们现在代扣业务中有代交煤气项目吗？

第三，巧妙提问。

询问的内容：要有针对性，这样可以帮助客户判断并理解客户需求的本质。

询问的切入点：客户感兴趣的问题。

询问的方式：开放式，即客户可以自由地陈述自己观点的问题。

封闭式，即客户只需回答是或者不是的问题。

小贴士

你会问吗？

各种问法，目的是为了了解客户明示的或暗示的需求或意见。

- 有什么需要我帮忙吗？
- 我可以为你做些什么吗？
- 你看这样可以吗？
- 我这样理解对吗？

4）向客户告别

一般第一次会面时间不要太长，选择恰当的时候和方式向客户告别，会给客户留下好感。

(1) 当客户有其他客人到访的时候提出告别。当客户有其他客人来访时，除非你与客户的交谈非常紧急和重要，否则，即使你与客户的话题没有谈完，也应立即向客户告别。告别的时候不要忘记向客户的新客人微笑致意以示礼貌，这会让你的客户感到满意。

(2) 当拟定与客户交流的话题结束时主动提出告别。在你所准备的话题结束后，要主动提出告别，防止出现冷场，同时也避免客户提出新的话题令你措手不及。

(3) 当对方有倦怠情绪时提出告别。当你感到客户不再想继续话题的时候，要及时提出告别，即使你不知道客户倦怠的原因，也不应继续与客户交谈。如果是你的原因造成了客户的倦怠，这样做可以弥补自己在谈话中的过失，客户会觉得你是一个十分知趣的人，为以后的交往留有余地。如果是其他原因造成了客户的倦怠，客户会因你的主动告退而产生一些愧疚心理，为下一步的交往打下基础。

(4) 与客户告辞时语言简捷干脆。对客户的起身送别表示感谢，并婉拒客户送出室外。

4. 建立长期客户关系

客户会由小到大、由少到多地逐步成长、发展和积累，银行与客户之间的沟通是一个连续的经常性的过程，因而，客户经理在营销中对客户关系要进行持久的关注和耐心的呵护，要注重客户的培养，使之最终成为自己终身的客户。

1) 发掘客户的潜在需求

银行在与客户的交往中应该对客户的需求表示肯定，不露痕迹地加以赞扬和鼓励，激发客户实现需求的欲望。例如，当小企业客户说起曾经在媒体上看到有的企业聘请银行人员担任企业顾问时，你可以不失时机地告诉客户这是目前很多成功的小企业的通行做法，已经被很多事实证明了有效性。可以通过其他成功的案例暗示客户也有同类需求。客户受到暗示后，有可能会将这种潜在的需求上升为现实需求。

2）扩大客户的选择自由

客户经理在向客户介绍和建议使用银行产品时，不可过分强调个人的意愿或者带有个人主观色彩的强行推荐，而要实行自选式供应，可以向客户推荐或提出建议，但不可强制性地让客户使用某种产品。

如果本银行的产品和服务确实无法满足客户的需求，可以为客户推荐同行业其他银行的适合产品。竞争中的宽容往往会显示出较好的银行和个人形象，会让客户觉得你所在的银行是以客户为中心而不是以银行为中心，这样不仅不会失去客户，反而会赢得客户对你的尊重。当然，这种方法一般不可在客户投诉时使用。

一般情况下，客户经理与所服务的客户应保持相对稳定，但是如果因为客户主管人员的变动或其他原因，导致客户和客户经理之间的合作无法达到和谐，可以安排其他客户经理进行客户服务和客户关系管理，也可以通过流动、轮岗的方式，定期调整一部分客户经理的客户范围，使客户关系更加顺畅。

对于服务场所的选择，随着科技水平的提高，尤其是网上银行、电话银行等电子银行渠道的开通，办理金融业务的场所越来越宽泛。在向客户推荐较好的服务方案的前提下，可以尊重客户的习惯。

3）保持客户的长期满意度

使客户长期满意并非易事，银行可以在现有产品和服务的基础上，尽量满足客户提出的需求，可供选择的方式主要有以下几种：

(1) 通过事先告诉客户产品的某些缺陷，以降低客户预期值，达到客户满意的目的。

(2) 有意识地发现客户新的需求，并不断改进产品和服务。

(3) 提供超出客户预期的金融产品功能和服务的收益，让客户获得更多的让渡价值。

(4) 优质服务不因人而异，因时而变，应自始至终。

(5) 不断创新，让客户获得新的满足。

4) 锁定忠诚客户

一家银行的成功之道在于能否吸引住长期重复使用银行产品和服务的客户。当确定了目标市场后，银行就必须缩小客户的范围，试图发现“好的”客户，使他们一次又一次地与银行合作。银行的大多数利润来自现有客户群而非潜在消费者，客户将“货币选票”投向某个银行是因为信任该银行的产品或服务。任何信任的维持都是双向的，银行如果不对老客户悉心维护，表现出足够的重视，而把主要精力放在开发新客户上，老客户的流失就不足为怪了。通常，赢得客户的忠诚应坚持以下四点原则：

(1) 表明诚意，与客户建立忠诚的关系需要长期沟通和积累。

(2) 忠诚度的提高是一个渐进的过程，与银行的恰当维护有关。

(3) 没有永恒的忠诚，但通过适当的服务能增加客户的忠诚。

(4) 提高客户忠诚度需要实现双方互惠共赢。

5. 语言沟通技巧

1) 恰当使用语言文字

每个人都有自己的语言习惯，但是你的语言习惯是否容易让客户接受，这是客户经理需要关注的主要问题。语言习惯是可以改变的，客户经理可以经常把自己与客户交谈的内容记录下来，放给自己听，感受对方的感觉，并不断调整，使自己的语言更有亲和力。

(1) 多用敬语。习惯用“您”而不用“你”，让客户感受你对他们的尊敬。习惯用“张董事长”、“王总经理”、“李部长”等“官称”，而不用张大哥、王兄、李姐等随意性称呼，即使你与客户关系再好，也不应该在工作场合使用这种称谓，尤其是在有他人在场的情况下，客户经理更应该通过“官称”来保持客户的尊严。

(2) 语速中等。语速过快会使表达变得模糊不清，而且还会让客户感觉你在应付他。语速过慢又显得漫不经心，会让客户联想到办事没有效率。

(3) 音量适中。音量过低会使客户感觉交流很累；音量过高会让客户听上去刺耳，感觉不适。

(4) 思绪平和。人的情绪具有波动性，会产生疲惫、厌倦或者失望等情绪，有时这些感觉甚至会同时袭来，但是只要你的语言和表情不表现出来就不会影响客户。尽量在思绪平和的状态下与客户沟通。

(5) 询问客户时尽量使用第一人称。用第一人称代替第二人称会给客户带来不同的感觉。例如，你向客户示范在自助银行终端如何办理转账业务后，问：“您明白了吗？您可以自己操作了吗？”就不如说：“关于使用银行终端自助转账，我谈了很多，但仍可能有一些地方没有表达清楚，如果有，请让我知道。我会再作补充。”

(6) 强调现在。客户经理向客户提供服务时，不要总是强调过去曾经介绍过，这会含有责怪的意思，会让客户产生戒备心理。

(7) 重申关键性内容，引起客户重视。如果你想强调或是提醒客户注意自己讲过的话，可以说："您是说从这个月开始，贵公司员工的薪酬由我们银行代理发放了？好，我们会在发薪日前再次与您接洽，做好一切准备工作。"

(8) 学会使用同期声。与客户谈话采用同期声，会收到意想不到的效果。同期声就是语速、语音、语调等与对方同步。客户讲话的速度快，你就适当加快一些语速，客户讲话的速度慢，你也适当放慢速度；客户音量高时你也适当提高音量；遇到女性客户，音调可以柔和一些，如果客户是男性，音调要表现得高亢爽朗一些。语言与客户越接近，越容易让客户产生亲切感。

(9) 巧妙使用过渡词。在交谈中适当使用一些习惯用语和过渡词，如"那么"、"真的"、"这样"等，会让客户感到自然、亲近，但切忌太过频繁。

2) 重视肢体语言

(1) 姿势端正。与客户交谈一定不可随意放松自己的身体，双眼平视对方，不要东张西望。但不可太过拘谨，忌两眼盯着自己的脚尖，两手不知如何是好，这样让客户感到你没有自信。坐的时候上身要直，双脚落地。如果真想放松一下，两腿可在脚踝关节处交叉，不要跷腿。

(2) 减少手势。有的人说话喜欢做手势，这样容易给对方不稳重和颐指气使的感觉，同时手势也会干扰表达的清晰度。所以，在与客户交流中，尽可能避免指指点点，也不可做搔首弄姿、抓耳挠腮等小动作。

(3) 保持一定的身体距离。如果是站着与客户交谈，与对方至少要保持一臂的距离，如果发现谈话中客户向后退，不要往前逼，要让对方保持一个自己感觉舒服的距离。如果是在客户的办公室，要等客户发出“请坐”的邀请后在客户示意的位置坐下。如果客户没有示意坐处，应选择办公桌前与客户距离适中的位子坐下。

(4) 注意细节。与客户交流要十分注意细节，否则很可能使你的营销前功尽弃。比如，在客户的办公室里不要在谈话中或等待客户时做一些很随便的动作，如摆弄客户办公桌上的物品、随手涂鸦、不经客户的允许使用客户的电话等。它们会使客户产生反感而中止合作。

(5) 适时微笑。放松脸上的肌肉，让你的脸上经常挂着温和的微笑。微笑是美丽的，也是可以塑造的，习惯微笑的人容易成功。当然，面对愤怒的客户，要慎用微笑。因为在愤怒时，客户可能会把你的微笑当成讥笑而增加愤怒的情绪。

6. 产品营销技巧

营销产品主要有以下方式。

1) 直接推荐

这种方式基于互相信任，比较适合关系较为融洽的老客户。直接向客户推荐产品时，要以诚信为本，既介绍产品的优势，也要讲明产品中存在的缺陷，存在下列情形之一时可采用直接推荐：

(1) 当客户发现原有产品或服务的性能有缺陷时，直接推荐其他替代产品。

(2) 客户经理发现客户不习惯使用原有产品时，根据客户偏好，推荐一种比较适合客户习惯的银行产品或服务。

(3) 原有产品或服务不能给客户带来方便和利益时，客户经理应主动向客户推荐其他产品。

(4) 银行推出新产品或服务项目后,客户经理应及时告知客户,向客户提出使用建议。

2) 引导式营销

在客户关系不太密切或客户比较有主见,并且双方能互为尊重的情况下适合使用这种方式,同时也适用于向准客户营销:

(1) 发放客户需求调查表,根据产品的性能制定调查内容,引导客户发现自已的潜在需求。

(2) 根据即将推出的产品性能模式为客户解决问题。

(3) 邀请客户参加银行的新产品首发式。

(4) 编制已有产品的成功使用案例,让客户了解其他客户使用该产品的情况。

(5) 为客户举办金融产品知识讲座。

(6) 为客户示范产品的使用过程,引起客户的兴趣。

引导营销的过程中,应着重宣传银行产品和服务性能的优势,培养客户和准客户对产品或服务的兴趣和消费需求。

3) 一对一营销

这种方式在客户提出需求的前提下进行,是银行为客户量身定做的银行产品或金融服务。

(1) 对客户提出的新需求,按照管理流程逐级反映,以期尽快开发新产品或服务项目。

(2) 与客户一起对产品或服务的性能和开发可行性进行研究分析,鼓励客户直接参与产品开发过程。

(3) 在产品或服务的开发、创新过程中不断与客户进行沟通,延续客户对新产品的兴趣和需求,不断完善新产品的性能。

(4) 举行隆重的新产品合作仪式或者启用仪式,满足客户的精神需求。

(5) 引导客户推广和宣传新产品和服务。

4) 广告式营销

对于适用的客户范围广、同业竞争较激烈的银行产品和金融服务可以采用广告式营销。具体策略如下：

(1) 反复在媒体、公众场合播放广告，吸引公众的注意。

(2) 散发通俗易懂的产品宣传单。将专业术语“翻译”成漫画、小品、故事等，让客户感到一目了然，且有趣味性。

(3) 搞大型的路演活动。请媒体深入宣传路演活动，以达到广告效果。

(4) 开展社区金融咨询服务。选择周末或假期在社区开展咨询活动，树立银行形象，使产品直接贴近百姓。

(5) 选择业务集中的区域或行业开展局部的集中广告宣传活动。

5) 促销活动

这是银行全方位开展的，提高银行和产品知名度，使更多的人接受并使用银行产品或服务的活动。

(1) 馈赠促销。通过向客户赠送一些礼品和允许客户享受银行的某种特殊权益或方便，鼓励客户使用银行产品。

(2) 关系促销。通过推出建立长期关系的优惠政策，促进客户与银行保持一种长期的关系。

(3) 联合促销。与企业或商家联合，配合生产和流通部门的经营提供金融服务。

(4) 公益促销。结合公益事业开展促销活动。在扩大销售的同时，也提升了银行的公众形象。

(5) 组合促销。通过广告、公共关系、销售推广等方式的有机组合，开展促销活动。

8.1.2 内部沟通[①]

任何银行实现成功管理的要诀之一是有效的内部沟通。银行内部发生冲突、管理不善的一个重要原因是缺乏内部沟通。银行内部的有些矛盾和冲突并非不能解决，而是受制于一定时期银行资源配置的侧重点不同，如果事先设定一些大家认同的、基本的假设，然后从各个不同的角度提出方案，达成有效的沟通，内部冲突就会降低，整个银行的效率就会提高，工作氛围会更好，业绩也会随着提升。因此，有效的内部沟通对于银行的经营管理十分重要。

银行的内部沟通包括纵向沟通和横向沟通。纵向沟通指部门内及上下级之间的沟通；横向沟通指银行各部门之间的沟通。

培训、宣传、发放文件、会议、例行检查、网络、布告、简报等都是常见的内部沟通方式。

1. 与下级沟通的技巧

(1) 注重自身素养。加强修养，提高素质，给下属以良好的管理者形象。

(2) 用其所长。对下属的长处和短处要深入了解，用其所长，“用人不求全责备”是成功管理的重要因素。

(3) 体恤下属。关心下属工作，多与下属一起探讨和沟通经营性的问题。

(4) 不摆架子。在内部营销中，全体员工都是内部顾客，管理者要站在服务的角度，与下属友好相处，为下属提供良好的工作氛围和环境。

---

① 银行客户经理十大营销技巧. http://wenku. baidu. com/view/e240e818227916888486d79e. html.

(5) 对下属提出的问题，要及时解决，不能解决的，要尽快给下属答复，不能不闻不问，不可采取不了了之的做法。

(6) 适当授权。在风险控制的前提下，适当给下属多一些自主权，可以促进内部关系和外部营销的良性循环。

(7) 多激励下属，用鼓励代替批评。下属做得好，要及时提出表扬；做得不好时，要习惯用鼓励代替批评。比如："没关系，把原因找出来，下次改进，你一定能行。"

(8) 不宜在下属面前炫耀自己的能力。过分炫耀自己的能力会使下属产生反感，日久会滋生出逆反心理。

(9) 兼顾利益均衡。客户经理在营销业绩较好的情况下，分配收入会高于其他岗位的人员。管理者可以通过制定合理的分配方案，使员工保持心态平衡。

2. 与上级沟通的技巧

1) 与领导沟通的一般策略

(1) 定期汇报。及时将自己的工作进度向上级领导汇报，一方面可以赢得上级的支持；另一方面也使领导及时了解自己的工作情况。

(2) 适时请求帮助和指导。营销中遇到的问题和困难，不要一味地"自我克服"，以显示"英雄本色"，要选择适当的时机，请求上级领导的帮助。一方面可以请领导站在全局的高度给予指导；另一方面上级领导的参与可使营销工作事半功倍。

(3) 经常向上级领导提供有效信息。在营销过程中，不仅遇到问题和困难要及时向领导"求助"，还要善于把有关的信息及时提供给上级领导，以便领导进行正确决策。

(4) 注意维护领导形象。与领导一起营销客户时，要尊重领导，维护领导的形象，即使有不同意见，也不可在客户面前表现出来。

(5) 服从领导。对领导的安排，首先要服从，凡事要以大局为重，克服利己主义。

(6) 与领导交往要保持分寸。在与领导的交往中，不可掺杂私人感情，以防出现个人好恶影响工作的开展。

2) 与领导沟通的注意事项

客户经理在与客户接触的过程中，会接触到一些关于银行经营方面的问题，客户经理有责任将这些问题反映给有关领导：

(1) 自己不能解决的问题。自己权限范围之外的问题，一定不要向客户轻易承诺。可以向客户说明情况，并承诺将这些问题向上级反映。

(2) 关系全行经营策略的问题。有的问题可能暂时涉及不到自己的工作范围，但对全行的经营有重大关系，一经发现要及时向上级领导反映和汇报，供领导决策。

(3) 需要领导出面协调的问题。在营销过程中，有些问题的处理和应对超越了客户经理的能力，必须由相当级别的领导出面才能解决，这时客户经理一定要及时请领导出面协调解决，以免贻误战机。

(4) 紧急的问题。有些问题不一定重要，但十分紧急。一定要及时反映，并提醒领导尽快解决。

(5) 其他需要上交的问题。

3) 向领导反映问题的技巧

在向领导反映问题时，客户经理也要讲究一定的技巧：

(1) 向领导反映问题之前，先列出提纲。讲什么内容，从哪几个方面讲，先讲什么后讲什么，都要做到心中有数，有较强的逻辑性。

(2) 反映的问题要属实。对于发现的问题要经过简单核实，证实确有其事后才向领导反映。

(3) 要善于对信息进行分析、过滤、总结和提炼。客户经理每天遇到的信息很多，但并不是所有的信息都要向领导反映，要从中提炼出有价值的信息，向上级领导反映。

(4) 不要以客户的口吻向领导反映客户的需求。在了解客户的需求之后，要从客户的角度列出提纲，要站在帮助领导寻求解决问题的办法的角度上反映情况。

(5) 汇报问题之前要初步形成对该问题解决办法的思路。当领导征求你的意见时，才可以谈你对这个问题的想法，表示你已经思考过这个问题。

(6) 反映和汇报的问题要具体，多用数据说话。

3. 部门之间沟通的技巧

受制于银行的管理流程设计，部门之间的横向沟通一直是银行内部沟通的一大难题，是银行提高管理效率的瓶颈所在，通常可以采用以下方式加以改进：

(1) 举办内部培训班。定期举办银行产品、金融服务、营销知识和人际关系处理等内容的培训班，增进企业文化建设，密切与其他部门人员的接触。

(2) 召开情况介绍会，通报客户经理开展业务的情况、部门之间的业务联系和合作情况。互通有无，互相监督。

(3) 召开通气会、协调会和座谈会，了解其他部门对营销管理部门的需求，同时对其他部门提出自己的需求。

(4) 开茶话会，举办内部联谊活动，增进内部人员的情感交流。

(5) 定期出版内部报纸、板报或内部网讯，沟通内部信息，增强凝聚力。

(6) 经常开展调研活动，与有关部门进行协同调查，让非营销部门和人员直接了解客户需求，减少中间传递环节，使非营销人员为客户的间接服务更有效和贴近客户。

(7) 推动内部营销部门岗位意识迁移，与内部营销部门的人员共同开展营销活动，与客户直接接触，使他们看到自身工作在营销中所起到的作用和取得的效果，提高非营销人员的营销意识。

8.1.3 团队建设

团队合作是银行应对激烈竞争的又一有力武器。我们常听到“众人拾柴火焰高”、“三个臭皮匠赛过一个诸葛亮”这样的谚语，可见团队合作的重要性。

重视打造高素质团队是银行的战略举措之一。一家核心竞争力强大的银行必然拥有一系列高素质的团队，如决策团队、经营团队、风险管理团队和营销团队等。

一支高效的团队能通过其成员的共同努力产生协同效应，取得事半功倍的效果；相反，如果团队成员各自为战，一盘散沙，势必产生内耗，影响银行经营目标的实现。

银行的营销团队是直面市场、客户和竞争对手的团队，其战斗力、竞争力直接影响银行经营的成败。现代银行营销的发展方向不是仅靠营销人员单枪匹马地在市场上单打独斗，而是需要广泛采用团队合作，发挥团队的竞争力和团队精神才有可能在市场上立足。

1. 高素质团队的基本特征①

银行内部的高素质团队一般不会自发、自然形成，需要

---

① 怎样打造建设一支高素质的团队. 中国职业经理人认证. http://www.cpm.gov.cn/CPMview.asp? unid=1708.

刻意培育和建设。“团队建设”体现了这一思想。

银行管理层在团队建设和培育时应了解高素质团队的基本特征:

(1) 相互依赖与协同互补。每个团队成员都依靠与他人的合作才能完成预定的工作目标,能力互补、和谐融洽的人际关系氛围将为团队协同提供必要的基础。

(2) 分工与责任分担。每个团队成员都有明确的分工并具备胜任工作的核心专长与技能,担当不同的角色,承担相应的责任。

(3) 信息沟通与知识共享。每个团队成员通过分享信息和资源来协调各自的活动,每个成员有责任向其他成员提供信息,传授知识和经验。

(4) 适当授权与自我管理。团队成员在团队工作中既要承担相应的责任,也享有相应的管理自己工作和内部流程的自主权。因此,团队管理既要依靠制度与业务流程来实现团队的有效运作,又要充分授权,以发挥每个成员的主动性与创造性。

2. 团队精神的培育

团队精神是团队的灵魂所在。一个优秀团队的所有成员为了实现团队目标而充满工作激情、万众一心、没有不和谐音符、执行力好,这种团队作风就是团队精神。团队精神包含三个层面:凝聚力、合作意识和士气。

(1) 一个优秀团队的成员目标一致,忠于团队,对团队有归属感和认同感,这就是团队的凝聚力。

(2) 一个优秀团队的成员之间互相合作、互通有无、协同互补,体现了团队的合作意识。

(3) 一个优秀团队的成员之间关系融洽、利益分配合理、对工作满足感高，这样的团队士气高昂。

3. 客户经理在团队中担当的角色①

银行需要组建多支营销团队，包括柜面营销团队、客户经理团队等。就客户经理团队而言，按照性格和行为的不同，每个团队成员都扮演了一定的角色，有可能一个成员同时扮演多个角色，也可能多个成员扮演相同的角色。一般来说，客户经理可能担当如下角色：

(1) 实干者。有责任感、高效率、守纪律，但比较保守。

(2) 协调者。冷静、自信、有控制力。

(3) 推进者。挑战性、好交际、富有激情。

(4) 信息者。外向、热情、好奇、善于交际。

(5) 监督者。冷静、不易激动、谨慎、精确判断，批判色彩很浓。

(6) 凝聚者。合作性强，信守"和为贵"，性情温和，敏感。

(7) 完美者。埋头苦干，守秩序，尽职尽责，追求精益求精，易焦虑。

(8) 创新者。有创造力，个人主义，非正统。

(9) 技术专家。诚心诚意、主动性很强、甘心奉献。

一个客户经理团队如果拥有了上述特征的成员，那么可以说，每种性格特征都很重要，通过团队合作可以弥补差异，使团队达到完美。

4. 协调团队运营达到目标

消除团队冲突，改善团队决策方法和提高决策效率是协调团队运营达到目标的重要保障。

团队内部有合作协同，也会产生冲突，有工作上的冲突

① 王树文. 项目管理师之路——实践者的体悟. 2007年9月14日.

和人际关系冲突，冲突是无法避免的，妥善处理冲突需要策略，包括竞争策略、迁就策略、妥协策略、回避策略和合作策略。

团队需要进行决策，相对于个人决策，团队决策的方法包括权威决策、投票决策、共识决策和无异议决策，还可以采用头脑风暴法、德尔菲法、异地思考法和思路转换法等方法。提高决策效率是团队决策相对于个人决策的又一任务。团队决策成员互相认同、求同存异是提高团队决策效率的途径。

银行经营的基本业务需要通过团队合作来完成。商业银行经营目标是追求利润最大化，因此，需要商业银行各部门、各岗位员工目标一致、共同操作和共同努力来产生积极协调作用，以提高组织绩效。这种协调一致离不开团队合作精神。

银行的生存与发展需要团队合作精神，围绕着如何争取到客户，我国各银行间竞争的激烈程度不亚于任何商业领域，提倡团队精神，可谓是商业银行应对未来挑战的一个好方法。

客户经理承担了银行开发客户的主要工作，大部分时间都在进行市场调研、走访客户等外勤工作。这就需要组建“自我管理型客户经理团队”。团队成员不仅要注重解决问题，而且要科学选择解决问题的方案，并对工作结果承担全部或部分责任。随着现代金融理财业务的发展，客户对银行的服务需求不再限于传统的存款、贷款和结算业务，哪家银行的服务品种多样、信息技术和服务手段先进，哪家银行就具有竞争力。针对这种变化，商业银行需要组建“多功能型团队”，由各个不同领域的员工组成，为客户量身定做，满足客户市场的不同需求。

实践证明，在商业银行管理中，积极倡导团队合作精神确实是做好营销工作的一种行之有效的好方式。

8.1.4 谈判技巧①

银行的营销活动最终谋求与客户达成共识，向客户提供以有偿为主要方式的服务，这种共识往往形成了银行与客户之间的合同或者协议。在合同或者协议中需要明确服务的范围、方式、价格、条件等要件，这些要件需要通过银行与客户的谈判而达成。

实际上，银行的营销过程就是沟通和谈判的过程。

1. 谈判

1）谈判的概念

谈判是一个古老的概念，始终贯穿于人类社会、政治、商业活动和日常生活之中。时至今日，谈判已成为一门科学与艺术和技巧高度结合的学问，是现代社会无时不在、无处不有的现象。

什么是谈判？谈判就是人们就共同关心的问题为了各自的利益或责任，通过互相磋商、交换意见，寻求解决的途径和达成一致协议的社会交际活动和过程。

2）谈判的种类

按照谈判的性质不同，可以将谈判分为一般性谈判、专门性谈判和外交性谈判等。

一般的人际交往中非正式、较为随意、无须过多准备的

① 浅议有效谈判与商业银行客户经理的结合运用. 中国职业经理人认证. http://www.cpm.gov.cn/CPMview.asp? unid=2565.
黄伟锋.《谈判艺术与技巧》教案.

谈判属于一般性谈判。

银行与客户的谈判是金融服务领域的专门谈判，具有明显的经济性，属于专门性谈判。

国与国之间就政治、军事、经济、科技、文化等方面的问题或交流而进行的谈判属于外交性谈判。

3）谈判的结果

双方经过谈判之后，最终结果有三种：两败俱伤、一赢一输和双赢。双赢是谈判力争的结果。

4）衡量谈判成效的标准

第一，结果是明智的。

衡量谈判成效的第一个标准是明智，也就是说，谈判是双方为了达成某种共识而进行的一种行为，其结果应该是明智的。

第二，谈判是有效率的。

衡量谈判成效的第二个标准是有效率。谈判既追求效果，也追求效率，最好能在短时间内达成共识。

第三，增进或至少不损害双方的利益。

衡量谈判成效的第三个标准是增进或至少不损害双方的利益。谈判不是你死我活，不是在损害对方利益的前提下满足自己的利益，目标是增进双方的利益，通过谈判使双方达到双赢。

2. 银行客户经理的有效谈判

"客户经理制"对银行的业务发展起着非常重要的作用，可以说，客户经理已经成为推进银行业务发展的主力军，在"以客户为中心"的经营理念的指导之下，客户经理作为直接面对客户的先锋部队，在实际工作中是与客户接触最为密切的群体之一。

众所周知，客户经理作为银行金融产品的“推销员”，接洽客户的目的很明确，就是将产品介绍给客户，让客户心甘情愿地去接受推介的金融产品和服务。

然而，仅与客户进行简单的产品推销式的接触往往不能奏效，这就需要客户经理考虑如何实现银行与客户之间的互惠互利，实际上客户经理与客户的洽谈是一个双方博弈的过程，有效谈判是这一过程顺利实现的表现，也是双方利益得以实现的证明。

1）维护客户

对客户的持续性维护是谈判的基础。商业银行客户经理制的建立，在形式上对于每一个客户都需要配置相应的客户经理作为“主要维护人和联系人”。承担主要维护职责的客户经理必须对客户所处的行业、现状有一定的了解与认识，对客户的生产、经营及财务状况等信息要非常熟悉。只有对所维护的客户能够全面地认识与了解，才能够在维护客户时，及时、敏锐地了解和发现客户需求，为双方业务合作谈判奠定良好的供需基础。

承担主要维护职责的客户经理在更多的时候不是简单地向客户推荐金融产品，而是可能需要直接面对客户的管理层，参与客户的投融资决策，甚至担任常年财务顾问角色，为客户的长期发展提供咨询意见。

所以，银行客户经理对客户的持续性维护，密切与客户的合作关系，是银企合作谈判的必要基础。

2）沟通彼此需求

银行与客户双方的需求是谈判的动因。明确彼此需求是客户经理的职责。银企合作的目的是互惠互利，力求双赢。了解双方的有效需求是客户经理面对客户进行谈判时需要把握的关键。

3）建立互利关系

建立互利关系是有效谈判的必要条件。从本质上说，银行与客户之间是合作者关系。客户经理在与客户进行谈判时应该明确这一点，银行与企业之间是合作而不是对立，谈判中应该避免矛盾冲突，不能让客户认为银行只是在“卖”产品，对于客户自身并没什么好处，而应该让客户知道银行对客户的支持是建立在客户长期发展之上的。

3. 谈判过程及谈判技巧

尽管客户经理面对的客户范围广泛，可能涉及各行各业，但行之有效的谈判方法大同小异，因此在进行谈判时，客户经理应该做好充分准备，掌握谈判的方法与技巧，合理运用，力争达到良好效果。

1）谈判前的准备

俗话说“磨刀不误砍柴工”，“工欲善其事，必先利其器”，客户经理在与客户进行谈判之前，应该做好一系列的准备工作。

第一，拟定谈判计划。

首先，客户经理需要明确与客户谈判的目标是什么，根据目标来拟定谈判计划，谈判计划必须简明、全面而又有弹性，只需拟定计划的要点，使计划的主要内容与基本原则能够清楚地印在大脑里，方便随时与计划进行对照和调整即可。

其次，谈判计划必须具体，不能只求简洁而忽略具体。

最后，计划必须有弹性，客户经理必须善于领会客户的谈话意图，判断客户的想法与谈判计划的差异所在，进而灵活地对计划加以调整。

第二，客观评估谈判双方的实力。

面对相同的事件，每个人的观点不尽相同。谈判也是如此，即使站在同一立场的人，所持的具体观点也有差异。所以，客观地评估双方的实力是谈判前的必要准备工作。这就要求谈判之前，客户经理应该做到：

(1) 正确分析自身的实力。先看自己是处于优势，还是处于劣势。

(2) 先“高估”对手的实力。了解谈判对手的实力是非常重要的，如果不能完全了解，则无法拟定有效的战术和技巧，以化解对方的攻势。然而，谈判对手的真正实力到底如何，一般要等到谈判正式开始后经过实际的交涉与观察才能获知。客户经理通常会犯高估或低估谈判对手的错误。这种错误，有时在谈判的准备阶段就已酿成，有时则在谈判进行中，因一时的失策而作了不当的判断。“谈判高手的经验”告诉客户经理，当客户经理摸不清对方的虚实时，宁可高估，也不要低估了他们。

(3) 让客户适度了解你的实力。适度地让客户了解你的实力，可以事半功倍，但在展现自身实力的同时，不要让客户感到实力差距太大而对合作缺乏信心。

(4) 让客户了解你的谈判内容。在谈判开始之前，应该设法让客户了解你的内容。否则，就算你能力再强、资料再丰富，终究还是白忙一场，浪费口舌。尤其是客户的沉默，可能就是一种“不知道你在说什么”的警告。

(5) 认清底线。做好谈判前的准备，认清自己所能接受的底线，并多创造些可以利用的筹码。价格不是唯一的谈判筹码，还款方式、后续服务等都可以是谈判的话题，关键是让价格的价值体现出来。客户经理掌握的筹码越多，成功的概率就越大。当然，始终不应该向客户暴露出你的底线，哪怕是在协议达成之后。

第三，正确选择谈判地点和时间。

谈判地点的选择，对于谈判双方来说都非常重要。如果谈判地点的优势明显偏向于某一方，会使处于劣势的一方不悦，对谈判的成功造成损害。同时，选择一个合理的时间与地点可以促使谈判成功。

2）正式面谈的技巧①

第一，塑造良好形象，赢得客户信任②。

与客户面谈时，客户经理要通过塑造形象让客户对自己充满信任，如果得不到客户的信任，营销工作往往难以取得成功。

（1）个人形象。客户经理的形象要视客户不同而作调整，遇到比较严肃的客户，那么你的形象应该是稳重大方的；如果遇到性格外向、思维活跃的客户，不妨表现出一点幽默和风趣以获得客户的认可；对于那些比较传统保守的客户，则要严格遵循严谨规范的原则。

（2）个人仪容。首先要注意个人卫生。干净整洁的仪容仪表是客户经理应该展现在客户面前的形象。

（3）服饰装扮。客户经理光有仪容的修饰是不够的，还要在衣着上下工夫，服饰是表象化的东西，是客户的第一印象。人们往往认为衣着装扮跟个人的文化素质有很大关系，如果穿着不合适的衣着，会让客户感到不舒服，会认为你工

① 开发客户的流程．广东金融学院金融系．http://www.doc88.com/p-71261052636.html.

② 银行客户经理十大营销技巧．http://wenku.baidu.com/view/e240e818227916888486d79e.html.

作的质量跟你的穿着一样糟糕，可能会疏远你，更谈不上建立长期的客户关系。珠光宝气会让客户觉得俗不可耐，不踏实。寒酸凑合又会让客户瞧不起，因此客户经理必须选择适当的衣着才能引起客户的好感。虽然银行的服饰是统一的，但是客户经理在不同的场合、面对不同的客户时要有不同的衣着打扮，在银行的统一制服之外还要有几套必需的行头，一般选择质量高、设计大方典雅、符合个人形象风格的服饰，选择可以与多件衣服搭配的服饰。

第二，善用寒暄和赞美。

寒暄是正式谈判前的“热身活动”。尤其是第一次与客户接触时的几句寒暄可以让彼此的紧张情绪放松下来，还可以解除客户的戒备心理，逐步建立彼此的信任关系，寒暄时要注意以下几点：

(1) 切忌话太多。客户经理应该多听少说，尽可能地让客户说，即使客户表现出咄咄逼人，也要少说。有时候，沉默能让对方紧张，并付之以更多的解释，你或许能从中发现客户无意透露出来的重要信息。

(2) 切勿急功近利。不要急于达成协议而轻易答应客户的请求，你太快地答应，会让客户觉得自己失败了，他本该可以要求得更多。同样客户经理也不要轻易地给出条件和价格，这会将你的底线彻底暴露给客户，客户经理要学会不断地询问客户的预期，起点要高，让步要慢。

(3) 切忌与客户争辩。无论客户说什么，只需要耐心地聆听，之后选择合适的时机加以解释，不要当场打断客户的话语，或与客户争辩。对客户的观点多加认同可以消除隔阂，再设法引导客户接受你的观点。

赞美是现代交际所不可缺少的，更是客户经理必须掌握的技巧。客户经理要学会对客户所谈的内容加以肯定，表示欣赏，即使客户的观点你并不赞同，也不要直截了当地指出，善于捕捉赞美点对客户赞美是客户经理必备的技能。如果与客户不熟悉则只需要赞美，而不要提建议。避免与客户谈论有争议性的话题，免得引起冲突。始终保持微笑，微笑是无声的语言，是银行客户经理最重要的武器之一。有时候虚心地请教也是一种赞美。

寒暄和赞美常用的话题有：

(1) 从客户的工作、生活入手，聊出亲切感。

(2) 关注客户交谈时的状态，适时地赞美或者安抚，以显示大度和得体。

第三，主动提问。

客户经理首先应该让目标客户充分地阐述自己的意见、看法及陈述某些事实现状，以取得必要的信息，还可以采用一些封闭式的提问。例如，"您是否认为每一个人都有金融理财的需要"，"您是否认为购买投资基金一定要找信誉好的银行购买"，"您是否认为存款的安全最重要"等，逐步获得客户的确认，引导客户进入你要谈的主题，缩小主题的范围。

第四，巧用幽默。

幽默是容易为人接受的一种沟通方式。幽默使沟通处于放松愉快的状态，使客户更加乐意倾听和理解。幽默是客户经理与客户建立信任、巩固关系的最佳策略。客户经理运用幽默一般应注意：幽默的语言必须是高雅、风趣、机智、含蓄的，要避免低俗、笨拙、肤浅、油滑。千万不能拿客户开玩笑，也不能涉及宗教信仰、习惯习俗和处境状况等的禁忌之处。关键的是要客户听得懂，要有个性和独创性。使用幽默一定要慎重，否则容易弄巧成拙。客户经理一定要事先有所准备，要根据不同的对象和情境，选择幽默的内容和方式。

第五，重申情感。

对于客户阐述的观点不断地给予认同。比如，您的观点很有道理；我理解您的心情等，这些都是在重申情感。重申的目的在于分清责任，并且让对方感觉你在认真听他说话，同时要适时停顿，向客户确认自己所听到的是否正确，如果客户确认正确，那以后出现问题的责任就不在客户经理，这样也体现了客户经理的职业素质。

第六，争取双赢。

银行提供的产品和服务具有成本，银行需要弥补成本并获取一定的利润回报股东，客户通过使用银行产品获得了使用价值，在付出成本的同时也实现了经营利润。如何找到一个平衡点进行合理定价，力求使双方都能受益也是谈判的目标和宗旨。

第七，把握客户谈判风格。

各种谈判风格各有特点，客户经理应了解客户的谈判风格。价格敏感型客户喜欢在谈判中一再讨价还价，客户经理应该保持高起点，逐步让价，但不要轻易地给出自己的底线。

第八，善于说明。

向客户所作说明的核心应该是客户可以从使用产品中获得的收益。使用生活化的语言向客户简明扼要地介绍产品和服务，以引起客户对产品的兴趣；从客户需求出发，从客户可能的购买点出发进行阐述，多用展示资料、图片、语言和举例等方式加以说明。

第九，把握时机促成交易。

一般来说，如果客户有购买意向时通常会多提出一些问题，如询问交易方式、产品具体功能、其他客户的购买情况、进行讨价还价等。此时，客户的感情也会稍有变化，可能会沉默考虑一段时间，可能要求客户经理帮助计算费用或者收益等，这时客户经理就要善于把握时机，学会导入促成，进一步跟进说明、引导、促成交易。比如，“您还有什么要求吗”，“您还有什么不清楚的地方吗？假如没有问题的话，可以择日到银行办理相关手续”等。

第十，把最棘手的问题留在最后，坚持买卖不成仁义在的理念。

3）常见的谈判错误①

(1) 害怕丢掉业务和客户，不敢坚持合理要求。

(2) 对客户让步过早、过快。

(3) 信息不对称，搜集不到位。

(4) 内部协调不足，在客户面前争论。

(5) 缺乏整体计划，盲目应付。

(6) 忘了主要目标，被对方控制，处处被动。

(7) 先难后易，从最难、最敏感处开始谈判。

(8) 最后阶段草率，留下后患，日后产生纠纷。

4. 价格谈判的武器②

价格是谈判的重要武器，银行业的产品和服务同质化程度很高，几乎没有差异，所以，价格就成了吸引客户的重要手段和武器，成为谈判成败的重要砝码。客户经理谈判时运用价格策略应注意以下几点：

(1) 提升客户对你优势的认识，降低客户选择的预期。

(2) 策略地说“不”。

(3) 激励对方。

①② 臧其超. 银行客户经理谈判技巧训练. http://www.boraid.com/training/list.asp?id=15449.

(4) 利用客户的从众心理。

(5) 耗时间。

(6) 利用关系，借助他人的力量。

(7) 找借口，如内部限制。

5. 客户经理应克服的不良习惯①

(1) 空泛地说教。这会给客户造成空洞、不切实际的感觉，易引起客户的不信任感。

(2) 态度蛮横。对文化程度低的客户要有足够的耐心；对易于激动的客户要显出涵养和素质，用真诚和耐心打动客户。

(3) 引起争执。客户经理应该尊重客户的意见，并以适当的方式提出自己的意见，习惯性地反驳对方，易引起争执而使客户站在自己的对立面。

(4) 内容无重点。谈话应围绕目的展开，做到目的明确，重点突出。

(5) 喜欢自吹自擂。在客户面前，客户经理应表现出应有的谦虚，不适当的自我表现会引起很多不良后果。

(6) 过于自贬自嘲。如果在客户面前，过于自贬和自嘲容易让客户产生不信任。客户经理要保持良好的精神面貌，充分表现出对自己、对所供职银行的信心。

(7) 反驳客户。有时客户会反映其他银行的产品和服务在某些方面要比我们提供的产品和服务好，客户经理不应立刻反驳。应先认可其他银行的产品确实不错，然后陈述自己提供的产品的特点，说明自己产品在某些方面的优势。

(8) 思路混乱。客户经理的思路应有条理，表达时应有

---

① 柯小林. 客户经理基本素养.

逻辑主线，做到思路清晰、表达准确。

(9) 随意许诺。客户经理在与客户谈判时信口开河地说些不着边际的话也是一种不良习惯，随意许诺而又不能兑现会逐渐丧失客户对自己的信任，对于没有把握的事情，客户经理不可随意答应，应在调查清楚并向上级反映后再给客户答复。

谈判是一个过程，整个过程中会表现出施受、互动、冲突、合作与互惠互利，客户经理通过有效谈判方法的结合与应用，求得一个使利害冲突趋于平衡，最终与客户达到互惠互利的合作的成功谈判结果。

8.2 待客技巧

8.2.1 待客之道

当我们去银行办理业务的时候，如果刚走到门口，就已经有人为我们开门，面带微笑地跟我们打招呼，显得温馨而又亲切。那么，不管这种笑脸有多少诚意，多么的职业化，微笑的魅力让我们心情愉悦。其实，这就是一种待客之道，它是一种处事修养、做事的态度和习惯。

随着银行间竞争日益加剧，产品同质化的现象越来越严重，拥有差异化的银行服务特色已成为同业竞争的有力武器，这就需要银行营销人员掌握一定的待客之道，通过提供独具特色的优质服务来赢得客户。

1. 银行的待客之道[①]

1) 树立服务理念

对于银行的每一位员工来说，都应该树立这样的理念：

① 银行服务质量. http://wenku. baidu. com/view/155d735f804d2b160b4ec073. html.

客户是银行赖以生存的衣食父母。有了客户存在才有银行的生存和发展，这些服务理念包括：

(1) 客户是银行最宝贵的资源。

(2) 客户至上，服务为本。

(3) 客户永远都是正确的。

(4) 服务客户无小事。

(5) 设身处地为客户着想，尽量给客户提供方便和服务。

(6) 银行和客户是互惠共赢的平等合作关系。

(7) 客户的需求是我们的服务内容。

(8) 客户首先认识的是您的服务，而不是银行的产品。

(9) 服务是一种高层次的公关和沟通。

(10) 每一次服务都是一项有回报的投资。

(11) 金融产品是无形商品，要以服务来培养客户的信心和忠诚度。

(12) 银行是服务业，服务是银行的天职。

(13) 服务具有即时性和易逝性，但客户对服务质量的印象却具有长久性。

(14) 让每位客户满意是银行最大的心愿。

这些都是银行的服务理念，体现了银行的企业文化。银行服务人员要把以客户为中心的服务理念体现在日常言行举止和行为规范之中。

2) 热情友善

对于网点服务人员而言，从客户踏进银行大厅的那一刻开始，就要体现出热情友善，做到以下几点：

(1) 眼到：注意注视客户的举止。

(2) 口到：因人而异，区分不同对象关切地询问。

(3) 意到：善意地与客人互动，表情落落大方，不卑不亢。

银行的服务人员要从服务态度、方式、语言、举止等方面自觉地作出许多令客户感动而又在情理之中的事情。

3）讲究礼貌

对客户的礼貌就是对客户的尊重和对服务的认真，服务人员不仅对大客户讲究礼貌，对小客户也要讲究礼貌。文明待客、规范服务是对银行服务工作的最低要求。

4）追求服务效率

在现今讲究效率的时代，银行必须为客户提供高效的服务，要全面履行服务承诺，尽量减少客户等候时间和业务办理、操作时间，减少客户的抱怨和不适。

5）提高准确率

银行工作人员办理业务的准确性影响银行的形象和工作效率，也是银行专门素养的体现。

6）团队合作与负责制

银行的服务主要体现在协助客户解决金融服务需求和办理相关业务之中。客户提出的服务需求可能会超越服务人员的岗位职责，但是每一位银行服务人员都要牢记"我代表银行"，不能轻易拒绝客户的服务请求。当客户提出服务要求时，即使不是你的本职工作，也要贯彻"首问负责制"，以团队合作的方式积极协调各部门资源，想方设法为客户排忧解难，决不能推诿，本人办理不了的事要及时向有关部门及领导汇报，为解决客户难题，在服务工作中尽可能不说"不"字。

2. 正确对待客户的抱怨和不满

客户抱怨和不满是服务行业经常面对的事件，银行也不例外。如何处理和化解由此对银行造成的不利影响考验了银行的智慧。银行服务人员首先要认真分析客户抱怨和不满的原因。一般来说，主要有以下几种原因：

(1) 金融产品和服务本身质量不符合客户的预期。

(2) 银行服务人员对金融产品和服务的知识不够。

(3) 银行服务人员对客户的说明不够清楚。

(4) 银行服务人员礼貌不周或讲话方式不当。

(5) 银行未兑现承诺的服务。

(6) 对客户的抱怨处理不当。

对待客户的抱怨，银行服务人员要采取积极进取的态度，不能消极应付。银行服务人员多掌握一些对待客户抱怨的处理态度与方法能有效化解不满，重新赢得客户的信任，否则将会给银行的声誉带来影响和损害。银行服务人员可尝试采用以下几种方法来处理客户的抱怨：

(1) 首先表示歉意和同情心，避免争辩与冲突。

(2) 态度诚恳、面带微笑地看着客户，让他们感到自己很受重视。

(3) 感谢客户。即使客户听不进任何话，你也要向客户表示感谢。因为客户的抱怨和投诉给你提供了改善的机会。

(4) 心平气和地倾听客户的申诉，并且用平和的语调与抱怨和投诉的客户交谈。客户在这个时候情绪不稳，常有一些过激或失实的言语，如果你不采用平和的语调就容易发生争吵，使客户的情绪进一步受到刺激，不利于问题的解决。

(5) 对客户的每一项抱怨均需重视，从客户所抱怨事件的时间、地点、原因等方面认真细致分析，研究解决对策，并诚恳地加以说明，以取得客户谅解。

(6) 不管处理结果如何，均应主动答复，不可让客户一再追问，以免再次引起客户抱怨。

(7) 成功处理了客户的抱怨和投诉后，银行还需要对客户继续跟踪服务，通常可采用如下的方式：

● 留下客户的联系方式，事后询问客户的满意度。

● 经常与客户保持联系。

● 有了新的产品或服务，及时向客户提供。

● 告诉客户，客户的投诉意见和建议被评为合理化建议。

● 及时通知客户，他曾经提出的要求，银行现在已经有了解决方案。

● 定期向投诉客户发放调查表，了解他们更多的需求。

（8）学会危机事件处理技巧，如"先处理心情，再处理事情"便是处理危机事件的技巧。对激烈的冲突事件，可采取"三变方式"：变换当事人，转移诉怨；变换场所缓和气氛；改变时间，怨气渐消，恢复理智。

有时，客户的抱怨可以转化为业务发展的契机。客户的抱怨有可能是某些需求未能得到满足，这些需求也许就是银行服务创新的领域。正确地对待和处理客户的抱怨，有助于重塑客户信心，建立和维持客户忠诚，同时还可以帮助银行提高产品质量和服务水平。

待客之道是一门学问，银行服务人员在与客户接触的过程中要表现出自己专业的一面，及时了解客户需求并尽力满足，也要注重自身的仪表仪态，注重服务态度，把握机会为顾客提供服务，让客户高兴而来满意而归。

8.2.2 待客技巧大全[①]

1. 接待客户的技巧

1）客户靠近时

第一，眼神含笑。

① 林雨萩. 金融行业服务礼仪.

当客户靠近时，银行服务人员的眼神一定要注视客户的脸部，切忌顾左右而言他。若此时有其他客户向你发问，你要先把手头的客户服务完成之后再去关照下一位客户，否则前一位客户会误认为自己遭到了不平等的对待。

一个合格的银行服务人员需要树立平等的观念。所以，在接待客户时，要特别注意自己的眼神，眼睛是心灵的窗户，它会在不知不觉中轻易地泄漏你的想法，面对客户一定要做到眼神含笑。

第二，打招呼问候。

当客户迈进银行时，你首先要打招呼问候。面对熟悉程度不同的客户，打招呼的内容也应该有所不同。如果是老客户，可以灵活一些打招呼，如“好久不见了，今天有什么需要我服务的”；如果客户是初次上门，你最好选用基本的问候语，如“您好，请问有什么需要我服务的”等。

第三，规范服务用语。

银行业属于服务业，因此银行的服务人员要习惯于使用规范的服务用语。要多用“您”等尊称，此外，要常使用“请、谢谢、对不起、麻烦您了”等语句。

第四，交谈结束时使用结束语。

当你与客户的交谈结束时，一定不要忘了说几句充满祝福的结束语。

此外，逢年过节的时候，结束语可以更加生动亲切一些。这些祝福式的结束语能够拉近你和顾客的距离，使你们以后的合作更加愉快。

2）受理客户交办事项

当受理客户交办的事项时，一般可以使用如表 8－1 所示的礼貌用语，这些话语是与客户沟通的桥梁。

表8-1

受理客户交办事项时需使用的礼貌用语

受理客户交办事项时常用的礼貌用语	
1	麻烦把您的证件给我看一下，谢谢
2	对不起！请您稍候
3	麻烦您在这里签字
4	很抱歉！因为您的证件不齐，所以我无法帮您办理，请您下次带齐证件再来一趟，很抱歉，耽误您的时间
5	先生，您的存折办好了，请慢走，谢谢

当你使用以上礼貌用语时，如果遇到客户不理解时务必解释清楚，让客户感到你所做的确实是出于保障客户利益的目的，这样才能使客户觉得你的服务非常到位，也能在一定程度上提高客户的自我保护意识。

2. 客户期望的接待方式

接待客户的方式有很多，哪些接待是客户所希望和喜欢的，服务人员要做到心中有数。例如：

(1) 当银行客户很多，大家都在排队等待的时候，你应该知道客户是希望早点处理完待办事件的。

(2) 当客户因为繁忙或其他原因致使你的工作有所拖延的时候，你要亲切有礼地应对。

(3) 当银行马上就要下班，而仍然有未办理完业务的客户时，为了维护客户的利益以及立场，你就应适当地牺牲自己的休息时间，告知客户不用着急，我们会把所有客户的事务都办理完毕。

你还要学会平等地对待客户，让客户时时刻刻都能感觉到自己在被尊重。不论是怎样的客户，你都要将其奉为上宾，同时不要吝惜赞美的话语，使客户拥有良好的心情。

3．令人不悦的服务态度

表 8-2 列示了客户不喜欢的服务态度。

表 8-2

客户不喜欢的服务态度及其示例/弊端

客户不喜欢的服务态度		示例/弊端
1	假装没有看见客户接近	客户：请问一下，今天的牌价是多少 服务员：斜眼望着顾客，一言不发 客户：小姐，你就不能回答我一句吗
2	一副爱理不理的面孔	客户进门没有人打招呼，没有人欢迎
3	以貌取人	看到客户的穿着很普通，就认定他没钱、没有地位
4	言谈粗俗无礼	服务员：又来一个，你去吧，我正忙着呢，我不去
5	语调高昂，缺乏耐性	客户：对不起小姐，我写错了，能不能再给我一张单子 服务员：自己拿，我给了你几次，你还写错，你到底会不会写字
6	工作效率低下	工作效率低下会令客户对你的服务乃至你所在的银行产生怀疑
7	无精打采	无精打采的情绪会影响到客户以及其他同事的情绪
8	问话不搭理	这三种态度都是忽视客户的典型表现，会令客户觉得你是一个做事随便、非常不专业的服务人员，也会对你所在的银行产生恶劣的印象
9	与同事高声喧哗	
10	边与同事聊天边应答客户问题	

表 8-2 中列举了客户最不喜欢的银行服务人员的几种服务态度，如果将以上服务态度归类，可以得到以下三种类型。

1）漠视客户型

漠视客户型的服务态度主要包括假装没有看见客户接

近、一副爱理不理的面孔、问话不答理、与同事高声喧哗以及边与同事聊天边回答客户问题。

假装没有看见客户接近是目前最常见的一种令人反感的服务态度。当客户问及一些银行已经进行公告的问题时，服务人员就会漠然不理，令客户不知所措。其他几种不良服务态度的本质与这种相同，持有这种态度的银行服务人员的心中没有客户只有自己。

面对这种漠视，客户一般会非常失望，可能不会再走进这家银行。所以，银行的管理人员要在新员工培训中特别强调这个问题，以杜绝此种现象的发生。

2）素质修养缺乏型

素质修养缺乏型的服务态度主要表现为以貌取人、言谈粗俗无礼和工作效率低下。

这类态度容易使客户对银行本身的素质产生怀疑，会对银行的声誉有所破坏。所以，银行管理人员一定要督促服务人员从自身做起，提高个人的素质修养。

3）自我调节能力低下型

自我调节能力低下型主要反映为语调高昂，缺乏耐性以及无精打采。有些银行服务人员会把个人情绪带到工作中去，把不满发泄在客户和同事身上。

银行的服务人员要学会调节自己的情绪，将私事和公事分开，静下心来为客户服务。

思 考

◇ 第一次与客户沟通需要注意些什么？

◇ 语言沟通的技巧有哪些？如何在营销过程的不同阶

段加以应用？

◇ 个人理财产品的营销技巧有哪些？

◇ 客户经理如何与领导沟通以取得支持？

◇ 客户经理在与客户谈判前应做哪些必要的准备？

第 9 章

客户选择

引言：优选客户，成功之本

银行客户是指对银行的产品和服务有特定需求的群体，是银行进行营销的对象。

从某种意义上说，客户是银行的老板，银行创造的所有产品和服务都是为了满足目标客户的金融需求，一旦客户不满意就可以将银行“解雇”，所以，客户是银行生存的基础。

值得注意的是，对银行而言，客户并非越多越好，也不是越大越好，例如，“门当户对”就是选择客户的一种境界。优选适合自身的客户规模和客户数量是银行的成功之本。

通过哪些渠道可以发现和找到客户，如何进行客户调研并按照银行制定的标准筛选出适合银行的客户是银行营销人员的头等大事。

客户需求分析、测算和客户评估是一项专业性很强的工作，也是营销人员必须掌握的基本理念和技能之一。

总之，客户选择就是找到银行的“上帝”。然而，客户在给银行带来收益的同时也带来了潜在的风险，可以说，客户是一把“双刃剑”。如何权衡客户可能造成的风险和带来的收益是银行需要面对的难题。

9.1 客户寻找

9.1.1 创建客户关系[①]

银行的客户在哪里？搜集客户信息的方式和技巧有哪些？

一名成功的客户经理通常具备头脑清晰、思路敏捷的特点，在日常生活中是一个有心人，很注意搜集资料和培育各种人脉关系，有些关系平时可能不太在意或者联系并不密切，但是，所有关系中都隐藏着商机，都有可能成为客户经理开拓市场的通道。

对一名客户经理来说，各种关系至关重要，有些关系原本就存在，如亲戚关系。有些关系则可以通过各种途径去创造。作为礼仪之邦和东方文明古国，中国人特别崇尚人际关系和人际交往，这可能就是关系营销在我国大行其道的重要原因。利用各种关系是发现客户的重要途径和方式。

1. 亲戚关系

在中国传统文化中，亲戚是一种十分重要的社会关系。中国人重情，各种亲戚关系颇为复杂，有血缘关系和非血缘关系两大类。血缘关系长久存在，是不可改变和创建的，应该充分利用。非血缘关系的范围和定义比血缘关系广，同时也是可以创建的。

除此之外，中国人信奉姓氏沿袭血缘，有同姓“五百年前是一家”的说法，很容易产生“同姓源起于一家”的习惯思维，营销人员可以巧用同姓，与客户攀上“远房”亲戚，这样交往

① 银行客户经理十大营销技巧. http://wenku.baidu.com/view/e240e818227916888486d79e.html.

中自然就少了许多隔阂，这是一个十分有用的结缘方法。

2. 朋友关系

重视朋友情也是中国人的传统，有时甚至朋友情重于亲情，为朋友可以“两肋插刀”是很多中国人引以为豪的侠义情结。朋友关系用得好，可以不费吹灰之力，不花费很大成本而获得客户。朋友关系是可以创建的。

值得注意的是，朋友关系没有血缘约束，一定要投入相当多的维护成本和情感成本，只有为朋友付出真情，让你的朋友认为你是一个值得交往的朋友，值得他们也为你付出真情，营销就容易取得成功。

3. 师生和同学关系

师生之情、同窗之谊也是中国人非常重视的友情，由此建立了师生关系和同学关系。时至今日，提起老师我们会想到“一日为师终身为父”的古训，提起曾经共同学习生活过的同学，人们仍然有一种亲切感和信任感。你或许可以根据所需要的客户类别，有意识地参加不同类型的学习，结识一批又一批老师和同学，时常与他们保持联系就可能获得所需要的客户。

4. 同事关系

或许你在进入银行工作以前有过在其他公司或单位的工作经历，也许你一直在银行工作，但你身边有离职到其他公司或单位的同事。这些都是丰富的客户资源。你曾经与这些以前的同事在一起工作，你们互相了解，互相信任。他们也有金融需求，与他们叙旧和聊天，他们中有人可能会成为你的客户。

5. 同乡关系

同乡关系范围非常大，外延弹性较强，又很符合中国人乡土观念重的性格特征，“老乡见老乡，两眼泪汪汪”的说法，证明了同乡关系在中国人心目中的重要性，尤其是对身处异乡的同乡人，这种同乡关系甚至超过了亲情关系。人口流动和迁移是我国经济社会发展中的普遍现象，各种各样的同乡会组织是营销人员寻找客户的重要途径，是建立客户关系的有效媒介。

6. 客户关系

在一个经济社会里，每个人都不可避免地会与其他人发生交易关系。可能是工作交易，也可能是生活交易，通过这些交易你成为别人的客户。不管别人是你的客户还是你是别人的客户，这种客户关系一经确立，那么你就有机会与他们沟通、相识并进而发展他们与银行的客户关系。

7. 其他关系

除了上述各种建立关系的方式之外，一次旅行、一个会议、一番误会等都可能成为建立客户关系的契机，注意观察、善于把握各种创建关系的机遇，需要营销人员在营销实践中逐渐积累。

9.1.2 寻找客户的方法①

除了上述七种创建客户关系的方式以外，拓展客户群体，寻找新的、陌生的潜在客户是营销工作的重点。客户经理寻找客户的方法主要有以下几种。

1. 逐户确定法

客户经理在任务范围内和特定区域内，用逐户登门拜访的方式确定有合作价值的客户。

---

① 闫红玉. 商业银行信贷与营销[M]. 2版. 北京：清华大学出版社，2009.

这种方法可以使客户经理在寻访客户的同时了解市场和客户，锻炼和提高自己，但比较费时、费力，带有一定的盲目性。所以，客户经理应事先计划好拟走访的区域，对区域内的公司也要事先摸底，做到心中有数，这样一方面可以增强自信心；另一方面在初次拜访时就能给客户留下较深印象。

2. 客户自我推介法

通过各种途径向客户经理自我推介的客户一般都急需银行提供服务。对于这部分客户，客户经理要在最短的时间内通过各种渠道多了解他们的信息，对客户提出的风险性服务需求进行资信方面的评估，对其他服务要求则提供快捷、高效的服务，以便在客户心中树立良好的形象。

3. 信息搜集法

通过资料查阅等信息搜集的方法寻找客户既能保证一定的可靠性，也能提高工作效率，最大限度减少业务工作的盲目性和客户的抵触情绪。

客户经理通过查阅工商企业名录、企业法人录、商标公告、产品目录、电话号码簿、统计年鉴、专业性团体名册、政府及其他部门可供查阅的资料、大众传播媒体公布的信息等寻找合适的客户。查阅的资料可以是印刷品等纸质媒介，也可以是电视及户外广告，还可以在互联网上查询，如果是在互联网上查询，则应注意判断资料与信息的可靠性与时效性。

4. 连锁寻找法

客户经理把服务与开发结合起来，向现有客户的上下游延伸。现有的客户、与客户联系过的单位、客户举办活动(如公关、市场调查)的参与者等，他们的信息资料都应该得到良好的处理和保存，这些资料积累到一定的程度，就可能从中找到客户。

5. 中介介绍法

客户经理通过各种中间人的介绍，与潜在客户认识，再向其推荐银行的产品和服务。这种做法有助于减少盲目性，增加相互间的信任，客户经理应通过中介尽量多地了解潜在客户的情况，并借以判断中介对潜在客户的影响，同时将与潜在客户接触的情况及时、有选择地向中介通报，既表示感谢、尊重，也有利于继续争取中介的合作与支持。

客户经理可以利用的中介关系有政府部门、社会团体、银行的现有客户、客户经理选定的信息提供者、家庭成员及亲朋好友或其他有商业联系的人。客户经理在利用中介关系发展客户时，还要注重对中介的激励，以便获得其长期支持。

6. 群体介绍法

客户经理争取某个团体或主管部门的同意，由他们向其下属单位推介银行的产品与服务。这种做法，可以提高银行的权威性和营销工作的效率。

7. 参与各类活动寻找法

银行参与公共关系活动、市场调研活动、促销活动、技术支持和售后服务活动等，一般都会直接接触客户，在这个过程中通过对客户观察、了解、深入的沟通寻找合适的客户。

8. 名人介绍法

设法让名人成为银行的客户，然后利用其影响力带来新客户。

9. 市场咨询法

即利用市场信息、服务机构所提供的有偿服务来寻找客户。

9.2 客户调研

当创建了客户关系，达成了初步合作意向之后就需要围绕客户作全方位的调研。通过调研，了解客户的风险、需求、偏好，以便制定服务客户的计划和方案。

客户调研涵盖许多领域，从调研范围看，不限于客户本身，还要延伸到客户的环境。例如，客户所在的行业、区域、上下游。此外，客户调研还需要确定调查的内容和方法，制订详细的调查计划，汇总整理调研结果进行分析等。

9.2.1 调研计划

调研工作中有相当部分是在客户那里进行，调研工作的计划性和效率展现了银行的专业素养，对双方的合作影响很大，所以，开始调研之前制订一份详尽的计划十分必要。

调研计划包括调研对象的具体人员、调研时间、调研范围、调研目标、调研方法、调研内容、配合与协调等。

针对需要调研的事项设计各种调研统计表格也是调研计划的重要组成部分。例如，对公司客户需要设计统计调查表格调查客户的业务流程、融资方式和资金来源等，还需要设计调查表了解客户的市场竞争能力；对个人理财客户需要调查客户的风险偏好、理财需求等。

9.2.2 调研方法

客户调研的方法主要有以下几种：

(1) 实地调研。采用实地观察，查看客户的生产经营活动和业务流程，包括物流供应、销售、仓储，走访客户各管理部门。

(2) 统计调查。设计问卷调查表，指导客户各相关部门和人员填写，进行分类整理、统计汇总。

(3) 面谈。与客户有关人员举行访谈、座谈，了解需求和意愿。

(4) 资料分析。搜集客户的基础资料、规章制度和财务报表。

(5) 环境分析。通过对客户外部行业、区域环境的分析，判断、验证相关信息。

(6) 电话、邮件、网络沟通。通过电话交谈、收发电子邮件、网络在线交流等方式取得资料、核实数据信息。

9.2.3 调研内容

客户调研的内容范围较广，包括客户外部环境调查、客户内部调查、客户竞争对手调查和银行同业竞争对手调查等。

1. 客户外部环境调查

外部环境调查具体包括客户所在行业、区域和市场等。

(1) 行业调查。行业调查主要调查行业市场信息、行业政策信息和项目信息。

(2) 区域调查。区域调查主要调查区域经济信息、区域经济政策、区域产业结构及发展战略。

(3) 市场调查。市场调查主要调查客户所在市场的整体供求现状及变化趋势。

2. 客户内部调查

客户内部调查包括客户基础资料、客户经营管理情况、客户需求调研和上下游客户调查。

（1）客户基础资料。这主要包括客户的工商营业执照、税务登记证、组织机构代码、章程、协议、合同、各类资质证书、出资人状况、出资比例和法定代表人等资料。

（2）客户经营管理情况。这主要包括近几年销售状况、客户集中度、主要供应商、关联企业信息、内部管理控制情况、财务状况、主要管理人员资料等。

（3）客户需求调研。客户对银行的服务需求、资金需求调研及需求量测算等，有关客户需求分析将在下节中详述。

（4）上下游客户。客户的上下游客户与客户联系紧密，处在同一产业链上，上下游客户的经营情况也需要调查。

3. 客户竞争对手调查

了解客户的竞争环境和竞争对手的经营情况可以通过行业协会或其他途径进行。

（1）行业协会、行业会议资料。通过行业协会或行业会议了解客户竞争对手信息、客户的行业地位和行业竞争态势。

（2）客户主要竞争对手经营情况。了解客户各主要竞争对手的销售、市场占有率、盈利能力。

4. 银行同业竞争对手调查

（1）银行同业的营销策略和方法。银行同业竞争对手营销客户的具体策略、途径和方法、目前与客户的关系状况等。

（2）银行同业对客户的服务。银行同业对客户提供的金融服务内容、价格、方式等。

9.3 客户需求

把握客户需求是银行成功营销的关键，是客户调研的重点内容之一，也是客户评估、客户选择的必要前提。随着社会经济的发展，客户的金融需求也呈现出多样化、复杂化的变化趋势，包括存款需求、信贷融资需求、结算需求、票据需求、理财需求、信息咨询和顾问需求等。

9.3.1 产品与服务需求分析

银行营销过程中的主要任务是发现和挖掘客户金融产品与服务需求，通过产品和服务的供给来满足客户的需求。

1. 存款需求

经济学大师凯恩斯认为，个人持有现金主要是为了满足三大需求：交易需求、预防需求和投机需求。实际上，公司客户持有货币的目的也不外乎以上三种。银行现有的存款类、储蓄类产品应该能够满足上述需求，关键是营销人员通过分析客户的经济活动和资金流转的金额和时间期限特点推荐合适的产品提供给客户。

2. 信贷融资需求

信贷融资需求与公司和个人经济活动中产生的资金缺口有关，对公司客户还与运营流程有关。一直以来，公司客户的信贷融资需求超过存款需求，如何发现运营流程中的资金缺口，准确测算出资金需要量是关键，也是我们下一小节着重探讨的问题。随着居民消费的发展，产生了购房、购车带来的个人信贷需求，而且这类需求的增长迅猛，如何根据个人客户的收入和偿债能力“量入为出”地确定融资额和融资期限，并且向客户提供专业的咨询意见也是银行营销人员的职责。

3. 理财需求

理财是一种大众需求，公司和个人都需要进行理财，银行为此对公司客户推出了资金理财服务和财务顾问服务，对个人客户推出了理财产品和理财规划服务。对于这样一种大众化的需求，银行营销人员需要正确识别客户的具体需求和差异，量身定制理财方案和规划。

4. 其他需求

除了上述需求，公司和个人客户还存在其他金融服务需求，例如，大量经济活动都是通过银行完成交易的结算，结算是传统的需求量极大的一种需求，银行为此提供了一系列被称为中间业务的结算类金融产品和服务。

票据是一种使用日益普遍的金融产品，既可以用于结算，又可以融资，银行营销人员应根据客户经济活动的特点，引导客户使用票据，普及和宣传票据相关知识。

信息咨询和顾问服务是很多小企业和个人客户的金融服务需求，也是建立客户关系的切入点之一，银行营销人员可以通过沟通了解、启发客户的需求，通过提供信息咨询和顾问服务建立并维护客户关系。

9.3.2 资金需求量测算

信贷融资需求是公司和个人客户最重要的金融需求之一，也是现阶段银行生存和盈利的主要来源，融资需求量的测算是一项专业性较强的工作，不超过客户资金需求量提供融资、不超过客户偿债能力提供融资是银行风险管理的两大基本原则。

以公司客户为例，融资资金需求量测算包括流动资金需求量和非流动资金需求量测算。

1. 流动资金需求量测算

要了解公司客户的流动资金需求量，银行营销人员必须了解公司的营运周期与现金周期，有关计算公式如下：

营运周期＝存货周转天数＋应收账款周转天数

现金周期＝营运周期－应付账款周转天数

现金周期是公司客户付出购货的现金与收到销货的现金之间的天数。公司客户在这段时期内可能需要短期融资，银行信贷人员通过营运周期和现金周期确定公司的资金需求，监控贷款的用款及还款的执行。现金周期结束时，公司客户应该收回现金，偿还银行贷款。

流动资金贷款额确定可采用以下方法。

1）总量分析法

（1）估算未来1年的销售收入总量：根据公司客户前几年的销售收入及其增长情况，未来1年的生产能力、生产规模扩大情况，市场容量及其变动情况，营销策略及销售计划，市场份额及其变动情况等，综合预测公司客户未来1年的销售收入及达到该销售数量和金额的可行性、合理性。

（2）估算达到该销售收入的销售成本：根据公司客户前几年的销售利润率水平及其变动情况，合理估算未来1年的销售利润率水平，再根据销售收入预测值倒推算出销售成本。有关计算公式如下：

销售利润率（历史）＝销售利润÷销售收入×100％

销售利润＝销售收入－销售成本－销售费用－销售税金及附加

销售成本（预测）＝销售收入（预测）×（1－销售利润率）

（3）估算未来1年的流动资产周转期：测算前几年的应收账款、存货周转情况（包括周转期和周转率），根据其平均水平和变动趋势，合理预测未来1年的变动情况，在此基础上估算未来1年流动资产的周转期、周转率（即年周转次数）。有关计算公式如下：

应收账款周转率＝销售收入÷平均应收账款余额×100％

应收账款周转期＝360÷应收账款周转率

存货周转率＝销售成本÷平均存货余额×100％

存货周转期＝360÷存货周转率

流动资产周转期＝应收账款周转期＋存货周转期

流动资产周转率＝360÷流动资产周转期×100％

(4) 估算未来1年营运资金的需求量：根据未来1年公司客户销售收入(销售成本)、流动资产周转率的预测值，估算生产周转所需营运资金。计算公式如下：

营运资金(需求量)＝销售收入(或销售成本)÷流动资产周转率

(5) 分析营运资金的来源。

目前自有营运资金：即目前公司客户所有者权益和长期负债所能提供的用于生产周转所需资金，等于上年度末企业流动资产与流动负债的差额。

公司客户当年新增利润：可在以往利润水平及其变动情况的基础上，结合销售收入的预测，估算当年利润水平。

公司客户当年新增资本：如果当年没有新的固定资产投资项目，则当年新投入的资本金可作为营运资金的一个来源。

对购买公司产品和服务的下游客户的应收账款的减少金额或预收账款的增加金额。

对为公司提供原材料的上游客户的应付账款的增加金额或预付账款的减少金额。

(6) 分析公司客户的营运资金缺口：上述估算的营运资金需求总量和营运资金来源总额的轧差金额，即为需要银行提供短期授信解决的生产周转资金部分。在此基础上，分析其他金融机构的授信情况(目前的授信余额和拟新增金额)，最终确定公司客户对银行的短期授信需求量，该金额与银行现有短期授信余额的差额，即为对银行短期授信的新增需求量。

2）总量分析基础上的营运资金新增需求分析法

(1) 按照上述方法估算营运资金的需求量。

(2) 估算新增营运资金需求：全部营运资金需求量与上年度应收账款、存货平均资金占用额的差额，即为新增营运资金需求。

(3) 估算对银行短期授信的新增需求量：在分析银行短期授信所占份额及分析其他金融机构可对客户新增短期授信金额的基础上，确定公司客户对本银行短期授信的新增需求。

3）增量分析法

(1) 估算公司客户的新增销售收入：根据公司客户生产能力的扩大、市场情况、营销计划等，合理估算未来1年企业销售收入较上年度的增加额。

(2) 估算公司客户未来1年流动资产周转率：与总量分析法基本类似，在估算未来1年应收账款和存货周转期的基础上，合理预测流动资产的周转期和周转率。

(3) 估算营运资金新增需求量，计算公式如下：

新增营运资金需求量＝新增销售收入÷流动资产周转率

(4) 估算对银行短期授信的新增需求量：在分析银行短期授信所占份额及分析其他金融机构可对客户新增短期授信金额的基础上，确定公司客户对本银行短期授信的新增需求。

2. 非流动资金需求量测算

公司客户的非流动资金需求主要包括固定资产投资需

求和无形资产投资需求。项目贷款是满足公司客户非流动资金需求的主要信贷产品，银行一般通过对项目进行评估来决定是否提供融资，投资项目评估是一项专业性很强的工作，由银行的专业部门组织实施，营销人员对公司客户的这类需求一般提交专业部门评估和测算资金需求。

9.4 客户评估

营销过程是一个不断重复着客户调研、客户需求分析、客户评估和客户选择的过程。客户评估是银行的日常工作，不论是对潜在客户还是现实客户，银行都在持续地评估客户的风险和价值，通过客户评估选择或者放弃客户。客户评估涵盖的内容丰富，这里，我们从最基本的本量利分析入手，探讨如何评估客户的风险与信贷合作价值。

9.4.1 本量利分析

客户是谋求经济利益的经济组织，因而分析客户的利润与其业务量、固定成本、变动成本和销售单价之间的相互数量关系，对于判断客户的经营状况和经营态势，进行信贷决策具有重要意义。

按照会计利润的计算方法，以生产单一产品的客户为例，我们有如下本量利关系式：

息税前利润＝销售单价×销售量－(固定成本总额＋单位变动成本×销售量)

假设上述式子中的息税前利润用 $EBIT$ 表示，单价用 p 表示，单位变动成本用 b 表示，固定成本总额用 a 表示，销售量用 x 表示，那么，本量利关系式可以表述为：

$$EBIT=px-(a+bx)$$

可见，影响客户息税前利润的因素有四个，单价、单位变动成本、销售量和固定成本总额的金额决定了息税前利润的正负和大小，这对于判断一家客户的经营情况至关重要。

9.4.2 盈亏平衡与安全边际分析

盈亏平衡分析也称为保本分析，客户是否达到盈亏平衡对银行能否发放贷款起到决定性的作用。一般来说，达到盈亏平衡是建立银行与客户关系的前提和必要条件之一，超过盈亏平衡点一定幅度之后银行才有可能向客户提供信贷支持。

1. 保本销售量

盈亏平衡分析是一种临界状态分析法，研究当 $EBIT$ 为零时各影响 $EBIT$ 的因素所处的状态。根据生产单一产品企业的本量利分析式 $EBIT=px-(a+bx)$，当盈亏平衡时，即 $EBIT=0$ 时，保本销售量 $x=a\div(p-a)$。当然，我们还可以分析达到盈亏平衡时的销售单价、单位变动成本以及固定成本总额的临界值。

2. 安全边际

当客户的实际销售量大于保本销售量，表明客户处于安全状态，反之，则表明客户陷入亏损状态。客户实际销售量超过保本销售量的部分被称为安全边际，用式子表示如下：

安全边际＝实际或预计销售量－保本销售量

安全边际率＝安全边际÷实际或预计销售量

安全边际反映了客户经营杠杆和经营风险的大小，是银行评估客户和选择客户必须关注的重要因素。

3. 达到保本点的开工率

此外，我们还可以用达到保本点的开工率（生产负荷）来评估客户的经营状况和生产能力利用状况。

达到保本点的开工率(生产负荷)=保本销售量(额)÷正常销售量(额)

如果达到保本点的开工率较低，说明客户的经营风险较小。

【案例1】 某潜在客户生产单一产品，目前年销售量10万件，每件单价10元，单位产品变动成本5元，固定成本总额30万元。

分析：(1) 当该客户盈亏平衡，即$EBIT=0$时，有

$$保本销售量\ x=a\div(p-b)=30\div(10-5)=6(万件)$$

(2) 安全边际=实际或预计销售量－保本销售量=10－6=4(万件)

(3) 达到保本点的开工率(生产负荷)=保本销售量(额)÷正常销售量(额)=6÷10=60%

(4) 息税前利润($EBIT$)=销售单价×销售量－(固定成本总额+单位变动成本×销售量)$=px-(a+bx)=10\times10-(30+5\times10)=20$(万元)

总体上看，该客户经营风险较小，具有足够的安全边际，银行一般可以考虑与客户进行信贷合作。

9.4.3 利润敏感性分析

实际上，客户经营的目标不仅是保本，更重要的是获取一定的利润，即“保利”，因此，我们在盈亏平衡分析的基础上还需进行保利分析。

而且，我们还需要预知影响利润的各因素发生变化时，对客户经营状况的影响，以便判断客户应对各种风险的承受能力，并作为选择客户的重要参考因素，这就需要对利润进行敏感性分析。

1. 保利分析

当客户的实际或预计销量超过盈亏平衡点销量时，客户才能取得盈利。所以，当客户的目标利润(息税前利润)确定

以后，我们能够推算出实现目标利润的最低销售量，即保利销售量。以生产单一产品为例：

保利销售量＝(固定成本总额＋目标利润)÷(单价－单位变动成本)

如果目标利润的计算口径为税后利润。例如，股东大会对董事会提出的利润目标或者股东要求的报酬一般为税后利润。那么，我们需要对税后利润进行换算：

税前利润＝税后利润÷(1－所得税税率)

息税前利润＝税前利润＋利息费用

保利销售量＝[固定成本总额＋税后利润÷(1－所得税税率)＋利息费用]÷(单价－单位变动成本)

【案例 2】 根据[案例 1]的资料，如果股东要求的年税后利润为 6 万元，所得税税率 25％，年利息费用 2 万元，则保利销售量如下：

保利销售量＝[固定成本总额＋税后利润÷(1－所得税税率)＋利息费用]÷(单价－单位变动成本)＝[30＋6÷(1－25％)＋2]÷(10－5)＝8(万件)

也就是说，该客户至少每年实现 8 万件的销售量才能完成 6 万元税后利润的指标。

2. 利润敏感性分析

利润的敏感性分析是研究有关因素在特定条件下发生变化时对利润所产生影响的一种敏感性的分析方法。进行利润敏感性分析的主要目的是计算有关因素的利润敏感系数，揭示利润与有关因素之间的相对关系。

反映各因素敏感程度的指标是敏感系数：

某因素的敏感系数＝利润变化(％)÷该因素变化(％)

其判别标准是：

(1) 敏感系数的绝对值＞1，即当某影响因素发生变化时，利润发生更大程度的变化，该影响因素为敏感因素。

(2) 敏感系数的绝对值<1，即利润变化的幅度小于影响因素变化的幅度，该因素为非敏感因素。

(3) 敏感系数的绝对值=1，即影响因素变化会导致利润相同程度的变化，该因素亦为非敏感因素。

本量利分析的基本关系式如下：

息税前利润=销售单价×销售量-(固定成本总额+单位变动成本×销售量)

从上式可以看出，影响利润的因素包括四个：销售单价、销售量、固定成本总额和单位变动成本。各因素的敏感程度排序如下：

当单位变动成本>单价的一半时，各因素的敏感程度由大到小依次为：销售单价、单位变动成本、销售量、固定成本总额。

当单位变动成本<单价的一半时，各因素的敏感程度由大到小依次为：销售单价、销售量、单位变动成本、固定成本总额；也可能是：销售单价、销售量、固定成本总额、单位变动成本。这需要根据具体情况进行分析。

敏感性分析可以帮助银行了解客户在各种风险因素变动时的承受能力，从而判断风险程度和拟定针对客户的信贷策略。

9.5 客户选择

银行也是以营利为目的的企业，客户创造了银行的利润，是银行的衣食父母，但是，并不是所有人都能成为银行的客户，银行必须面对选择客户这一课题。

客户评估为客户选择打下了基础，也是客户选择的重要参考依据。在营销过程中选择恰当的客户，了解他们的需求，在客户心目中树立良好的形象，可以使银行保持竞争优势。

9.5.1 为什么要选择客户①

1. 银行自身的资源有限

银行自身人力、物力和财力等资源的有限性决定了它不可能为市场上所有的客户提供相同标准的产品和服务，每增加一位客户，都会占用一定量的银行资源，因此，银行需要设立一定的客户选择标准，在资源条件允许的范围内尽可能地选择有价值的客户。

2. 选择客户能增加银行的盈利能力

经营效益最大化是银行追求的目标，根据二八原理，20％的客户创造了80％的收益，在剩下的80％的客户当中，可能存在一些不良客户，这类客户会给银行形成呆账和坏账。因此，银行不能只注重客户的数量，更应关注客户的质量，根据自身的资源和客户价值对市场上的客户作出选择，增加盈利能力。

3. 选择客户是银行进行市场定位的表现

主动选择客户，能使银行的市场定位更加明确，从而制定更准确的营销策略，更加专业地为目标客户提供产品和服务，还能使银行在目标客户心中树立良好的市场形象。从某种意义上说，银行也正是通过选择客户来显示其市场定位的。

4. 选择客户是形成优质客户的基础

银行的优质客户往往需要经过层层筛选，无论是个人客户还是公司客户都必须经受一系列的考验才能入围银行优质客户的行列，银行会将有限的资源和精力放在这些客户身上，关注这类客户的需求，给予优惠政策，久而久之便逐步形

① 李宏山. 有效选择客户，打造长效发展基石[J]. 饲料广角，2005年第1期.

成银行稳定的优质客户群体。客户经理承担了客户筛选的主要任务。

9.5.2 客户分类

商业银行的客户是指为了满足自身的储蓄需求、融资需求、理财需求以及其他需求（如风险管理需求），而买卖金融产品或接受金融机构服务的个人、企业或者各种组织和机构。

银行客户分类的标准很多，主要有以下几种：

(1) 按客户主体的不同，银行客户可以分为个人客户、企业客户和机构客户。

(2) 按客户为银行所带来的价值大小不同，银行客户可以分为高价值客户、微利客户、保本客户和亏损客户。

(3) 按银行客户的利润贡献份额和生命周期价值不同，银行客户可以分为最有价值客户、发展潜力最大的客户和零价值以下客户。

(4) 按客户需求银行产品的类型不同，银行客户可以分为负债类客户、资产类客户和中间业务类客户。

(5) 按客户需求的高低不同，银行客户可以分为基本需求类客户、增值需求类客户和价值需求类客户。

银行客户分类的方法有很多，本书第 4 章详细阐述了商业银行根据服务对象不同将市场细分为个人客户市场和公司客户市场的细分方法，这里不再赘述。

9.5.3 客户选择原则

银行选择客户的总体原则是值得选和能够选。

(1) 值得选。银行在选择客户时先要判断该客户是否值得自己去选择。首先，要看该客户能够创造的价值大小，这里的价值不仅仅包括银行所获得的利润,还包括一些无形的价值,如客户的口碑,客户为银行提供的信息价值等。其次,要衡量客户开发所发生的营销成本。最后,还要判断客户可能给银行带来的风险大小。

(2) 能够选。即使客户对银行来说具有很高的开发价值,倘若银行没有能力开发和服务这样的客户时,所有的一切都是空谈。因此,客户经理在选择客户时一定要量力而行,充分考虑银行现有的人力、物力、财力等资源条件,确保自身有能力去选择和服务客户。

9.5.4 客户选择标准①

对银行营销人员来说,如何在众多的客户中筛选出较为理想的客户是迈向成功的第一步。那么,营销人员该保留哪些客户?该放弃哪些客户?哪些客户具备开发的潜力?哪些客户是可以争取到的?也就是说客户选择的标准有哪些呢?

1. 诚信程度

诚信是根本,不讲诚信的客户只会给银行带来损失,营销人员应该从各种渠道了解客户的品行、性格、人际关系及商业信誉等。听其言、观其行,通过观察其言行主观给出诚信分数,再向客户周围的人间接了解或直接到其竞争对手那里侧面打探一下,得出客观分数。综合主观分数与客观分数得出最后的客户诚信分数。

当然,诚信是一个复杂的社会问题。诚信不能纯粹从个人的品行、商业道德、商业信誉来判断,在不同的社会条件和

① 客户选择之我见(二年的市场销售经验之感). http://www.191bbs.com/read.php? tid=143597.

客户的选择. http://wenku.baidu.com/view/d888e5c608a1284ac8504365.html.

环境下，人们的诚信表现将会有所不同。

当一个人处在绝望或濒临绝望时，原有的社会品德、社会责任感就会失去约束力和存在的价值，这是人性的弱点，也是客观存在的事实。

因此，我们判断一个人的诚信问题应从多方面考虑，应综合其人品、道德和所具备的物质实力。物质实力大的客户没有必要冒风险去承担因诚信问题带来的巨大损失，这个物质就是指客户的实力，即他的生意基础和资本。我们应尽量选择既有实力又有诚信的客户，在诚信与实力之间寻求合作点，多数情况下，实力与诚信成正比。

2. 经营规模与经营能力

对公司客户而言，如果其经营规模较大、销售网络很广，而且经营能力很强，那么可以选择这样的客户。

3. 客户的发展潜力

发展潜力是银行营销人员在选择客户时必须考虑的一项基本因素，一个客户的发展潜力主要从其经营能力、发展趋势、销售业绩和销售量的发展趋势及其在合作伙伴中的口碑如何等方面来考虑。

4. 开发客户所需付出的成本与收益之比

如果一个客户能够为银行创造较高的收益，又不会占用银行过多的资源，那么这样的客户值得去开发。

5. 优秀客户的标准

客户经理在选择客户之前，应该对心仪的客户有大体的概念和轮廓，一般来说，理想客户的标准是为银行创造的价值尽可能大，消耗的资源尽可能小。这里可以引用菲利普·科特勒的观点："能够不断产生收入现金流的个人、家庭或公司，其为企业带来的长期收入应该超过企业长期吸引、销售和服务该客户所花费的可接受范围内的成本，这样的客户就称得上是好客户。"对银行而言，优秀的公司类客户通常具备以下几个条件：

(1) 银行为之提供产品和服务所付出的成本较低。

(2) 信誉很好，付款及时。

(3) 公司客户有良好的发展前景，经营风险很低。

(4) 对银行产品的需求很稳定，有长期的需求欲望。

(5) 能为银行创造较大的利润。

6. 大客户不一定都是优质客户，小客户也不一定是劣质客户

评价客户的优劣要以客户为银行创造的价值来衡量。以公司客户为例，大型公司客户可能融资额高，所面临的财务风险往往比小型公司客户大，给银行带来的利润风险就大些。而有些小型公司客户具有很强的发展潜力，给银行带来的利润不容忽视。因此银行在选择公司客户时，不能只关注大客户而冷落小客户，要从客户的成长性、发展潜力以及对银行的长期价值来加以选择。

7. 客户的意愿

银行与客户之间是平等的，银行有权选择适合自己的客户，客户也有权选择自己偏爱的银行，这是一个双向选择的过程。对于处于买方市场的银行已不能期待客户能主动上门，在选择客户时也必须考虑客户的感受和意愿，只有在双方都有意向合作的情况下才能建立银企合作关系。

9.5.5 目标客户确定①

客户经理确定目标客户时，应通过对银行外部环境和自

① 闫红玉. 商业银行信贷与营销[M]. 2版. 北京：清华大学出版社，2009.

己所掌握的资源的种类、性质以及所服务客户的类型进行综合选择。以公司客户为例，客户经理一般应考虑以下几个因素：

第一，银行近期的信贷工作重点是什么，对哪些企业及行业感兴趣。

第二，自己最了解的行业是哪些，选择自己熟悉的行业既能减少风险又能增加获胜的把握。

第三，目标客户是否具备以下全部或部分特征：

(1) 国家重点支持或鼓励发展的行业与同类企业相比，有一定的竞争优势。

(2) 有良好的市场信誉，信用等级较高。

(3) 已经发行股票并公开上市。

(4) 经营状况良好；产品技术含量高、销路广、现金回笼快、生命周期长。

(5) 财务结构合理、成长性好。

(6) 机制灵活、管理科学、治理结构完善。

(7) 与银行的服务能力相匹配。

(8) 有未被满足的现实或潜在金融需求，且能为银行带来一定的经济效益。

(9) 企业领导人有思路，积极进取，或具备一定的社会背景。

(10) 地域条件具有成长性；拥有稳定的供应商和客户群。

(11) 重视员工教育，有一定的社会知名度。

(12) 有消费银行服务的需要和能力，且有可能接受银行的其他产品和服务。

通常，目标客户应该至少部分具备上述特征，否则就值得审视银行的目标客户确定原则是否合理了。

思　考

◇ 如何应用已有的客户关系创建新的客户关系？

◇ 在进行客户调研中需要识别客户的哪些风险？

◇ 怎样选择与银行自身资源、要素禀赋相适应的客户？

◇ 银行如何建立优质客户评价标准？

◇ 客户调研资料的整理、分析和判断对做好营销工作有什么价值？

第 10 章

客户管理

引言：管理客户，生存之本

银行管理有两大永恒的主题，即银行内部管理和客户管理。客户是银行的“衣食父母”，是银行收益的源泉和生存之本。

银行竞争的根本是客户竞争，客户关系是银行最重要的对外关系。制定客户管理战略和客户管理制度是银行的迫切任务。有研究表明：降低对忠诚客户的服务水平会大大增加长期客户的流失率，而要实现银行业绩的增长和盈利目标，就必须维护长期客户的忠诚。

客户关系种类很多，各种关系又都错综复杂，如何充分搜集和挖掘客户自身信息和对金融服务的需求信息是银行客户关系管理的重要内容，借助于客户关系管理系统可以实现客户管理的目标。

客户关系的维护过程也是客户关系动态评价和改变的过程，有些客户在维护过程中银行可能选择了退出。

“敢进善退方为能”，善于退出、适时退出某些客户也是客户关系管理的重要内容。

10.1 客户关系

在营销战中，对客户的争夺是银行同业之间竞争的本质。随着金融市场竞争日益加剧，银行与客户的关系，以及客户与其他银行的关系已成为影响商业银行生存、发展的重要因素。

银行客户关系是银行满足客户金融需求所形成的社会关系。

银行与多少客户建立了客户关系，建立了哪些类型的客户关系决定了银行的业绩和发展前景。拥有一大批长期合作、成长性和盈利性俱佳的忠诚客户是所有银行梦寐以求的奋斗目标。

10.1.1 客户关系含义

银行客户关系是指银行为了实现经营目标，向客户提供存款、贷款及其他各种金融服务而与客户建立起的某种联系。这种联系可能是单纯的交易关系，也可能是优先交易的关系，还可能是为双方利益而形成某种合作关系或联盟关系。

有研究表明，成功的银行在管理客户关系的各个方面都卓有成效，从设计恰当的价值定位，到有效传递其承诺的价值，再到持续发展以客户为中心的战略都保证它们能够成功地进行客户关系管理。银行通过遵循一种商业规则：对其重要的客户投入特别的关注来实现长期繁荣。其实，这种商业规则对于任何竞争激烈的行业都适用。①

① 商业银行建立良好客户关系的六个关键.中国零售银行网综合汇编，2008 年 12 月.

银行客户关系具有许多特征，这些特征直接影响银行客户关系管理的理念和方式，对于制定科学的客户关系管理政策和方法意义重大，是银行中高级管理层值得关注的重点：

(1) 多样性。银行与客户关系的类型很多，可以是买卖关系，也可能是合作关系等，具有多样性。

(2) 差异性。每种类型的客户关系在维护方式、维护成本和维护收益等方面差别较大，具有差异性。

(3) 持续性。由于银行产品的特殊性，与客户建立交易关系往往是交易的开始而不是结束，具有持续性。例如，一笔借款合同的签订，意味着银行与客户的关系正式建立，直到借款本息收回之后客户关系才有可能宣告暂时结束。

(4) 竞争性。银行与客户的关系受到来自其他银行的竞争威胁。由于银行同业竞争激烈，作为买方的客户有选择银行的权利和机会，各家银行为了争夺客户也会试图与客户建立关系而影响到客户已经与其他银行建立的客户关系。

(5) 双赢性。银行与客户建立的关系是一种互惠共赢的关系，它不仅可以为交易提供方便、节约交易成本、分享交易收益，也可以为银行深入理解客户的需求和交流双方信息提供机会。

通常所说的客户关系管理（Customer Relationship Management，简称 CRM）即与客户关系相关。

银行建立客户关系时，还应关注以下影响银行与客户关系的因素：

第一，便捷性。

银行业的全面同质化趋势使各家银行推出的大多数金融产品都无差异性可言，难以激发客户的想象力，此时，便捷性成为取悦客户、确保实现满意的客户体验的重要因素，这也是客户选择银行时考虑的主要因素。例如，银行在零售业务中设立了方便的社区营业网点，采用延长营业时间，不收取手续费等服务模式使客户在光临该银行时倍感便捷，这样的营业网点通常会受到客户的欢迎。

第二，互惠性。

银行与客户的关系是一种互惠共赢的关系，银行与客户均从双方形成的客户关系中受益，如果银行在建立客户关系之初就以创造客户价值、互惠共赢作为双方合作的基础，这种方式容易得到客户的积极响应而顺利建立起客户关系。

第三，准确识别目标客户。

吸引正确的客户比吸引大量的客户更为重要。银行对其目标客户所在的细分市场了如指掌，并能准确地与他们进行沟通也是影响客户关系建立与维持的重要因素。

正确识别目标客户并了解他们的需求必须建立在大量的研究工作基础上。擅长于深入研究目标市场的银行能通过结合对现有客户的分析来了解：哪些客户最有价值、哪些特征让最有价值的客户在一开始就区别于其他客户、客户使用银行产品是如何随时间推移而变化的。

第四，尽早赢得新客户 。

刚营销到的新客户是最容易失去的。所以，银行从一开始就致力于巩固客户关系基础，通过一整套精心设计的售后服务流程，从新客户刚加入时便开始维护客户关系，定期电话随访或实地走访，帮助他们更好地了解所使用金融产品的特征，监测任何可能发生的问题以防止新客户的流失。

10.1.2 客户关系分类

与一般的企业类似，银行与客户的关系也有以下几种类型：

1. 买卖关系

银行与一些客户之间的关系维持在买卖关系水平，银行将客户作为一个普通的买主，以公平交易的方式向客户销售金融产品和服务，交易目的简单，双方较少进行交易以外的沟通，客户信息极为有限。

这类客户只是购买了银行的标准产品和服务，银行维护客户关系的成本与关系创造的价值均很低。无论是银行损失客户还是客户丧失银行提供的金融产品和服务，对双方业务并无太大影响。

2. 优先供应关系

银行与客户的关系可以发展成为优先供应关系。处于此种关系水平的银行可以获得许多优先的甚至独占的机会，在同等条件下乃至银行同业竞争对手有一定优势的情况下，客户对银行仍有偏爱。

在此关系水平上，银行需要投入较多的资源维护客户关系，建立客户服务团队，加强双方人员交流，给予重点客户优惠政策，如授信承诺、利率优惠等。银行通过对客户让渡部分价值来达到交易长期化的目的，是一种通过价值向客户倾斜来换取长期获取价值的模式，是一种“不平等”关系，客户由于优惠、关系友好而不愿意离开银行，但是客户离开银行并不影响其竞争能力，这种客户关系的核心是价值在银行与客户之间的分配。

3. 合作伙伴关系

当双方的合作关系存在于银行与客户的最高管理者之间时，银行与客户交易长期化，双方就产品与服务达成认知上的高度一致时，双方便可能进入到合作伙伴阶段。

在这个阶段，银行深入了解客户的需求并为客户设计金融服务方案，双方人员共同探讨服务计划，银行对同业竞争对手形成了很高的“进入壁垒”。客户承认与银行之间的特殊关系，客户认识到银行的产品和服务对他们的意义，有着很高的忠诚度。在此关系水平上，价值由双方共同创造、共同分享。任何一方对关系的背弃均要付出巨大代价。这种客户关系的核心由价值的分配转变为新价值的创造。

4. 战略联盟关系

战略联盟是指双方有着正式或非正式的联盟关系，双方的近期目标和愿景高度一致，双方可能有相互持股的股权关系。在这种关系下，银行基本排斥了同业竞争对手对客户的争夺。

以上四类客户关系中，银行与多数普通客户之间的关系属于第一类的买卖关系；对于那些有了一定的往来关系，信用状况良好，有发展前景的客户，银行会考虑把客户关系从买卖关系上升到优先供应关系；而对于那些长期合作的客户，银行可以根据对客户的深入了解把优先供应关系提升到合作伙伴关系甚至是战略联盟关系。

当然，银行与客户的关系并非都应该向战略联盟关系的方向努力，因为一方面由于客户本身状况良莠不齐，不可能都成为战略联盟；另一方面按照成本效益原则，任何关系的建立和维护都需要耗费资源，如果资源的付出比银行的所得还多，那么这种关系就是“奢侈的”。

10.2 客户管理

银行营销的实质不仅是与客户达成交易，更重要的是与那些符合银行需要的客户建立关系并精心管理客户关系。

重视客户关系管理是市场营销理论历经百余年发展之后的一种回归。

一般认为，客户管理即为客户关系管理的简称，客户关系管理主要是通过对客户详细资料的深入分析，来提高客户满意程度，从而提高银行竞争力的一种手段。客户关系管理的核心是客户价值管理，通过满足不同价值客户的个性化需求，提高客户忠诚度和保有率，实现客户价值持续贡献，从而全面提升银行盈利能力。

10.2.1 客户关系管理①

1. 客户关系管理的内涵

银行客户关系管理是一种以客户为中心的经营策略，是一种改善与客户之间关系的新型管理模式。

银行的客户关系管理主要是为银行保持已有的客户、吸引新的客户而设立的银行与客户的联系通道并进行渠道管理，同时分析客户需求为银行的经营决策提供支持。

银行通过信息技术的运用，对商业银行的业务功能与产品进行重新设计，对业务流程进行重组、再造，使银行获得更加完善的客户交流能力，为客户提供优质服务，并提高服务客户的效率，使银行能在快速变化的市场竞争中，把握客户的需求，赢得更多的客户，从整体上降低银行的运营成本，增加收入，寻找扩展业务所需要的新的市场和渠道以及提高客户的价值、满意度和忠诚度。

① 商业银行客户关系原理. http://wenku.baidu.com/view/d79e15d8ce2f0066f5332299.html.

董传元. 商业银行客户关系管理基本流程. 2006年3月.

2. 客户关系管理的要诀

1）实实在在的市场化客户理念

把客户作为“上帝”、“以客户为中心”的理念已深入人心。然而，由于资金是稀缺资源。在很多情况下仍然是客户求银行，因而在很多银行的经营过程中，并未将客户视为“上帝”，“以客户为中心”的理念在不少银行并没有真正体现在对客户的服务之中。

一种恰如其分、实实在在市场化的理念应该把客户看成“衣食父母”。银行的所得均来自客户，员工的薪酬也来自客户，是客户给予了银行生存和发展的条件。

可以想象，当银行真正把客户当作衣食父母时，不用教导员工如何服务，如何使用文明用语，服务就成为员工的自觉行动，员工体现的是发自内心的服务精神和对服务工作的全身心投入。

从此理念出发，强调“服务就是爱”、“客户的事情永远是第一位的”、“了解客户就要像了解家人一样”、“争取客户就是要让客户从内心感动”、“对客户的服务超过客户的期望”等。在具体业务实践中，银行要求员工一心想着如何为客户服务，注重过程，暂时忘掉任务和目标，做好本职工作。

2）建立完善的客户信息管理系统(CRM)

客户信息管理系统(CRM)的建立是做好客户服务的基础，包括建立以下内容：

(1) 客户信息数据库。对个人客户建立其资金来源、年龄结构、职业状况、收入结构、资信评价以及客户信用状况的动态记录。对公司客户则建立起股权结构、法定代表人及高层管理团队信息、经营规模、资产结构、负债结构、融资方式以及信用记录，以此形成客户的信息档案。

(2) 客户资料卡、客户策略卡和客户评价卡。通过建立客户信息管理系统(CRM)，实现对全部客户的整合管理，根据不同的客户建立不同的联系方式，根据其特点和要求提供不同的服务，从客户信息中获得新的商机，真正做到“以客户为中心”，赢得客户的忠诚。

3) 差异化的客户细分

在建立客户信息管理系统的基础上，将市场细分的理论运用到客户管理工作中，形成独具特色的客户细分。根据潜在客户价值和客户对本银行的贡献度将客户分为四类：优质重要客户，即与本银行目前有业务往来的前1%～2%的客户；优质客户，即与本银行目前有业务往来的前5%客户中扣除优质重要客户后剩余的客户；重要客户，即与本银行目前有业务往来的前20%～30%的客户中扣除前两类客户的剩余客户；一般客户，即所有剩下的70%～80%的客户。

按照客户的差异在银行内部设立不同的部门，每个部门都有不同的服务对象和服务标准，以满足不同层次客户的服务要求。

对于尚未建立客户信息管理系统的银行，应尽快着手开展现有客户的细分工作，逐步建立客户分类管理制度，按行业性质、特点、对银行贡献度的大小等对客户进行分门别类的管理，根据不同类型客户的特点制定优质客户评价标准，然后把营销力量集中到最能赢利的客户身上，尽可能地满足他们的需要，提高他们的忠诚度。

4) 建立长期客户关系

有统计调查表明：银行获得一个新客户的成本是维持一个老客户成本的5～10倍，再次光临的老客户可带来25%～85%的利润，可见建立长期客户关系对于银行的重要性。

吸引老客户的主要原因首先是服务质量，其次是产品，最后是价格。因此，银行将营销的重点放在获利丰厚的老客户群上，高度重视客户的长期维护工作是一项明智的策略。

客户是银行最权威的评价者，愿意找上门抱怨的客户是忠诚的客户，投诉比金钱还重要。然而，相当一部分银行在客户投诉后，主要停留在息事宁人的事后处理上。如何及时转变观念，形成新型的银行与客户的长远关系值得银行管理层深思。

5）客户风险管理

银行是一部风险机器，风险管理是银行工作的重中之重。适时退出风险客户，终止客户关系对银行而言也相当重要。在银行内设立信用风险管理委员会、市场风险管理委员会和操作风险管理委员会，分别负责三大风险的决策咨询，从选择客户抓起。同时，将那些高风险、低收益的客户坚决淘汰出局。银行开办任何一项业务时，首先要考虑的是风险控制。

3. 银行客户关系管理基本流程

银行客户关系管理的基本流程主要包括目标客户识别、目标客户选择、建立客户关系、客户商机处理（销售与推广）、客户沟通与关系维护、客户关系拓展与终止。明确客户关系管理的基本流程对于商业银行进行客户关系管理具有非常重要的理论意义和现实意义。

（1）目标客户识别。这主要是指银行根据潜在客户的各种特征对目标客户进行识别。比如，客户人口统计学特征、客户行业特征、客户地域特征、客户金融产品需求特征、客户购买力水平特征、客户价值特征等。对于潜在客户的上述特征，银行要广泛搜集市场信息加以分析识别，以确认是否列入后备的目标客户。

（2）目标客户选择。对列入目标客户储备的潜在客户进行需求分析和价值预测，根据银行自身资源状况和营销能力，确定是否作为本银行的准客户。

（3）建立客户关系。银行根据准客户的具体情况进行市场营销并开展公关活动，使客户认同银行，在银行开立银行账户，发生业务往来。

（4）客户商机处理（销售与推广）。银行根据客户的金融需求，设计产品组合、推介金融产品、组织客户经理及其团队实施营销活动，满足客户的金融需求。

（5）客户沟通与关系维护。银行与客户通过日常沟通了解商业银行满足客户需求的状况，发现新的需求，进一步开展金融业务；商业银行通过参与客户的重大活动，对客户的重大志庆活动致贺，节日互祝，重要人员生日祝福，充当客户经营顾问，日常售前、售中、售后服务等关系维护，使客户关系进一步融洽。

（6）客户关系拓展与终止。银行根据与客户的日常金融业务往来情况，对客户关系进一步拓展或者终止客户关系。对于客户价值预期保持或增长的客户，银行应进一步拓展客户关系，促使客户关系升级；对于客户价值较低的客户，商业银行则需考虑终止客户关系。

在上述基本流程中，从目标客户识别、目标客户选择、建立客户关系、客户商机处理（销售与推广）、客户沟通与关系维护，到客户关系拓展与终止，是一个层层递进的关系，有的阶段可能比较短暂，但不可或缺。当一个流程结束，另一个流程可能正在进行，银行的客户关系管理就是这样一个循环往复的过程。

10.2.2 客户信息管理[①]

客户信息管理是客户关系管理的重点。如何发现、挖掘和利用客户潜在的有用信息，已成为提高客户满意度、增强银行竞争力的关键问题。

尽管客户关系管理的核心是客户，但并不是所有与银行发生联系的公司和个人，都是银行的优质客户或者都应该在服务上一视同仁，只有少数客户能给银行带来显著的效益，是银行的重点客户。所以，在客户信息管理中客户识别显得尤为重要。

客户经理需要明确以下几点：

(1) 哪些是一般客户。

(2) 哪些是合适客户。

(3) 哪些是客户中的关键客户。

为了达到这些目的，必须做好客户信息资料的搜集工作。

1. 客户信息管理的意义

1) 客户信息是银行的重要资源

现阶段，银行越来越关注的一个重要资源就是客户信息。"谁拥有客户，谁就拥有未来"，客户在银行生存、发展过程中的地位是毋庸置疑的。

客户是银行的宝贵资源，一直以来，由于客户的外部性(客户是银行外部的要素)造成了银行无法以资源的角度去看待客户，客户仅仅被当作银行价值实现的外部因素。

随着市场的发展，客户的资源特性已经越发明显，传统

① 赵永安. 客户信息管理. 价值中国网，2009 年 11 月.
邹雅丽. 商业银行客户信息资源的开发与利用研究. 情报杂志，2003 年第 10 期.
邵永喜. 商业银行获取 CRM 客户信息的方法探讨. 新西部，2007 年第 22 期.

意义上的关注与客户之间的关系、维系客户的思想已经不能够适应银行发展的要求，把客户作为银行资源进行管理和开发已经成为银行发展的新方向。

从资源的角度看，客户本身具有价值，在银行内部直接反映到客户数据上。从客户数据中，银行不但能够发现给银行带来收入的客户是哪些，客户的最大贡献价值是多少，客户价值的消耗和再生是如何进行的。银行还能够通过客户数据的发展变化趋势来识别客户资源的占有量、流失、消亡和再生，这些都对银行的生存和发展起到至关重要的作用。

2）客户信息引导银行产品和服务的开发

充分的客户数据信息反映了市场的需求和对银行产品的特性要求，这为银行开发什么样的产品起到了直接的指导作用。

3）客户信息指导银行进行市场营销

银行的市场定位已经更多地依赖于对客户信息的分析。银行的市场定位、营销策略的制定需要进行客户信息分析才能合理确定。

2. 获取客户信息资源的主要途径

银行开发和利用客户信息资源主要通过如下途径：

(1) 银行的历史档案。利用银行的内部数据库和历史档案来了解客户是否在该银行拥有账户，通过客户账户记录的变动情况来获得有关该客户资金流动情况的信息，同时还可以通过了解该客户与其他银行的业务往来活动来获得客户是否曾有过违约等不良的信用记录。

但是，通过历史档案来开发客户信息显然是不完整和不准确的，因为客户的历史行为并不一定能完全地反映其未来行为，因此银行还必须采用其他多种方式来开发客户信息。

(2) 从与客户有业务往来的其他实体获取信息。分析客户与其相关实体的信息是直接获取客户信息的途径。对于公司客户而言，由于公司作为一个法人实体，其信息的公开程度较高，也易于获取，银行可以通过分析公司公开的财务报表来获得其财务综合状况，但是财务报表可能会因人为的因素而产生虚假信息，因此银行还必须通过与公司客户相关的一些其他途径来间接获取信息，如通过公司客户的债权关系人、公司客户的业务往来客户、公司客户聘请的律师、公司客户所处行业中同类企业的表现等途径来获取更多与公司客户相关的信息。

(3) 咨询机构提供的信息。委托专业性的咨询机构来获取客户信息也是商业银行开发客户信息的途径之一。

专业的咨询公司拥有信息搜寻的专家和广泛的信息网络及巨大的数据库资源，可以快速为银行寻找到客户的相关信息，能为银行提供系统性和权威性的客户信息，并能对银行如何利用这类客户信息给出相应的建议。但这类通过咨询机构提供的信息是需要花费高额成本的，并且由于咨询机构通常并不十分熟悉银行内部的运作机构，因此所搜寻到的客户信息对于银行还存在着能否适用的问题。

(4) 大众媒介提供的信息。电视新闻、广告、报纸、问卷调查等大众传播媒介也是商业银行用来开发客户信息的重要途径。

大众媒介提供的信息具有传播面广、内容广泛、时效性强的特点，同时银行也能以较为低廉的成本获得此类信息，但由于信息面过宽且其中有关客户信息的内容分布较为零散，因此银行必须进行繁杂细致的信息分析处理工作才能得到有用的信息。

(5) 正式出版物和官方记录。银行可以从一些正式的出版物中获取有关客户的信息，如在一些经济类期刊中可以了解客户的行业动态，在政府官方的出版物中也能反映有关影响银行客户的信息，如国家统计部门关于居民收入的统计指标等，还有客户在政府官方的记录包括公司客户的营业执照、公司章程、诉讼档案、个人的户籍档案、家庭职业档案等都可以为银行提供客户的相关信息。

(6) 会议信息。行业协会及客户参加的会议信息也是获取关于客户信息的补充途径之一，包括银行业协会，客户的行业协会以及企业的信息发布会、订货会、科技成果展览会等多种会议。

(7) 互联网。互联网的信息资源丰富，信息更新快，如很多企业都在互联网上设立了自己的公司主页用于介绍公司的基本情况，银行可以利用互联网来获取客户信息，并通过网络方式加强与客户的联系。

3. 客户信息的管理与应用

1) 成立专门的客户信息管理部门

银行为留住带来利润的客户，应成立专门的客户服务部门，负责整个银行重点客户的关系管理，重点掌握客户需求信息。

例如：银行了解个人客户，需要掌握客户的生活方式、个人喜好、家庭情况、收入情况、生活层次等信息，并负责受理客户的来函、来电、来访，解决咨询、查询、投诉等事宜。

保障客户的正当权益，对已处理的各类问题和客户的意见进行整理、归纳、分析，提出改进建议，使银行各岗位、各部门时刻了解自身的工作质量和客户的需要，自觉改善服务，为特殊客户提供援助性的服务，与客户建立起互惠合作的关系。

2）采取最优营销措施

根据客户的需求和利益，银行主动为客户介绍信息，挖掘现有客户与银行的潜在关系，不断将银行新开发的金融产品销售给客户。

最优化选择目标客户、确定理想的潜在客户、采用最优化的推广效果、创造多种途径使潜在客户变成现实客户、利用数据库建立持久的客户关系。

通过与挑选出的潜在客户和现实客户进行有针对性的互动，吸引他们参与，借以实现最大销量和利润。

3）挖掘客户信息

为了更好地为客户服务，吸引更多的客户，越来越多的银行把建立数据库作为一项战略。

数据库是近年发展起来的一种数据存储管理技术，它能够把零散的、无序的、当前的数据集中起来，从中挖掘出为银行创造利润的“金牌客户”；能够把运行数据转化成商业信息；能够在客户还未认识到自己的某种需求之前，就能准确预测并提供相应的服务；能够通过预测利润、管理和分析风险，进行市场分析，并不断对数据信息进行更新，形成新的统计信息和事务档案。

4）产品和客户相结合

CRM 的重点是关注客户的终生价值，并能根据需求、行为、购买倾向以及其他特点划分现有客户和未来客户，这就会给人一种误导，即银行需要以客户群为中心构建 CRM。因此，一方面要以客户群为中心构建一个多产品的机构；另一方面又要建立以资料库为基础的营销和管理客户的能力。这就造成系统方面、程序方面和人员方面的很大困难，产生的后果是回报慢，很难较快地见效。

几乎所有金融服务市场的成功者都将重点放在了产品或产品群上。虽然竞争的性质因所面对的市场不同而不同，但现阶段大多数银行的业务都因面临逐项产品竞争而受到威胁。最成功的银行所采取的办法是将产品群看成独立的单项业务，配合对业务流程的再造，坚持银行业务链分离的原则，针对每一项的竞争对手，逐项地建立和运用相应的CRM系统。

这就要求银行必须考虑将CRM能力有机地结合在所建立的组织架构之内，而不是把过多的注意力用于建立一套狭隘的CRM技能，不去充分考虑CRM可能会给其他部分带来的影响，以及对一体化管理的影响。

CRM和渠道战略之间的关系很重要。理想情况是营销活动应该与所有的渠道协调好，使客户不至于从一家银行的不同部门得到不同的产品和服务。

5）有效利用资料

有些银行喜欢追求复杂、昂贵的分析技术，希望这种技术能够解决不良资产、产品、服务和价格问题。但实际上，这类技术的价值往往较为有限。许多银行对历史资料的估计过高，由于历史资料并不十分完整、精确，经过一段时间后也会过时，这样分析出来的结果也就不会有很大的价值。

因此，银行应该避免将过多的时间和资源用来分析以前提供的产品和服务不成功的原因，而应该从现有信息中得出主要教训，想出新的方法并进行试验。同时，银行决策者要有假设意识，应该明确他们想得到的东西，然后进行分析以肯定或否定这种假设，而不是单纯寄希望通过资料中得出结论。

10.2.3　客户营销管理

对客户的营销管理是银行的长期战略，以价值管理为导向，为实现银行的长期价值服务，通常可以从以下几个方面进行，并建立相应的营销管理运营和考核机制。

1．新客户营销管理

不断拓展有价值的新客户是银行营销的重要任务。然而，获取一名新客户的成本远高于维护老客户。这就需要银行能够精确进行目标客户定位，理解客户的需要和需求，建立新客户营销评价体系，策划和执行高效的营销活动，通过最恰当的营销渠道和沟通策略向客户传递正确的营销意图。

2．提高老客户忠诚度

老客户的忠诚度与满意度直接相关，在客户营销管理中，持续保持老客户的满意度是客户营销管理的又一重点工作。在柜面营销人员和客户经理中建立使客户满意的服务规范，建立营销人员发掘、识别客户潜在需求的管理制度和流程，整合营销沟通策略来优化与客户的关系。通过营销与服务流程的优化，改善客户体验，从而提高客户满意度，降低客户流失率。

3．提升忠诚客户的占有率

拥有一批忠诚客户是银行的立行基础，提高忠诚客户的占有率变得越来越重要。通过交叉销售来提高忠诚客户的购买水平是最直接采用的营销方式。客户营销管理中应把忠诚客户的占有率和贡献率作为重要的考核指标，激励营销人员对忠诚客户的深度挖掘。

4．提高营销回报率

当银行的营销定位于不同的客户、不同的营销渠道、不同的金融产品和服务时，营销回报率经常会有较大的差异。要保证较高的营销回报率，就需要理解客户的生命周期价值，根据不同的客户价值来优化并控制金融产品与服务的提供成本，改善营销风险的管理能力。

在进行公司客户营销过程中，银行的客户营销管理部门经常需要解决以下问题：

(1) 向哪些媒体和营销渠道进行营销投入，会使得发展新用户的效率最高、收益最大？

(2) 银行在营销费用上的支出越来越大，但是为什么银行的客户和利润却没有相应增加？

(3) 银行现在的客户看起来越来越不忠诚了，经常在竞争者之间来回选择，应当如何识别那些可能流失的客户，如何采取措施提高客户的忠诚度呢？

(4) 一些客户购买银行产品或服务的次数和数量都在不断下降，如何提升这些客户的价值呢？

(5) 银行的产品越来越多，如何识别哪些是有购买潜力和购买意向的客户呢？

以上问题对银行客户营销管理体系的建立和完善提出了很高的要求。建立一个能够综合评价营销投入和产出的客户营销管理体系应该得到银行管理层的高度重视。

10.2.4 客户关系维护①

任何一家银行能否在激烈的竞争环境中生存下去，并得以不断发展，一靠拓展和创新，二靠良好的客户关系维护，两者不可偏废。良好的客户关系可以为银行留住稳定的利润来源，为银行带来长久的收益。因此，每家银行对客户关系

① 满玉华．商业银行客户关系维护探析[J]．现代商业，2010年第12期．
张贵益，钟杰．商业银行客户关系维护研究[J]．中国农业银行武汉培训学院学报，2004年第5期．
吴植璋．银行客户关系维护研究[J]．现代经济信息，2010年第4期．
董传元．商业银行客户关系维护与沟通．2006年3月．

维护工作都十分重视，对重要客户的维护工作更是指派客户经理专门负责。

1. 客户关系维护的意义

银行的客户极其广泛，概括地说包括公司客户、机构客户和个人客户。而客户关系维护就是银行为了保持与目标客户建立的良好关系，通过采取各种措施对目标客户进行全程跟踪服务，实现双方合作共赢基础上的利益最大化的全过程。

管理学大师彼得·德鲁克认为，“商业(企业)的目的只有一个：创造顾客”。没有客户的商业银行很快就会消亡，没有优质客户的商业银行则不会强大，客户就是银行赖以生存发展的基础和生命源泉。因此，客户关系维护对商业银行具有重要意义。

1) 提升核心竞争力的需要

现代银行的同业竞争已经从最初的产品竞争、价格竞争转向服务竞争。银行的核心竞争力已不仅体现在营业网点设施等硬件上，而是体现在向客户提供最佳服务能力的提升上。银行只有以优质的产品和服务、卓有成效的客户关系管理与维护，培育和发展忠诚客户群，拥有高价值客户群体并加强与之互利合作，才能提升银行的核心竞争能力。

2) 培养忠诚客户群，提高盈利能力的需要

客户是银行的重要资源，“得客户者得天下”已成共识。有调查显示，一个老客户与新客户相比，老客户可为银行带来20%～85%的利润，吸引一个新客户所花费的精力和成本远高于维护一个老客户。银行只有拥有了忠诚的客户群，才有了盈利基础；只有做好客户关系的维护工作，减少客户流失，才能不断降低成本，提高盈利水平。

3）应对银行同业竞争的需要

银行同业的激烈竞争，挑战着传统的经营观念，迫使银行一改过去只提供标准型产品供客户选择的服务方式，逐步向以客户为中心，提供个性化、全方位、综合性服务的方式转变。满足客户的个性化需求，可以维护并加深与客户的关系，提高客户的满意度和忠诚度，从而在市场竞争中处于优势地位。

4）树立良好的形象，吸引更多优质客户

一个优质客户的背后往往潜藏着更多的优质客户。这些优质客户在选择主办银行时，通常会“互相影响，资源共享”。因此，如果某家银行的客户关系维护工作做得好，提供的服务和金融产品让一个优质客户满意，该客户就会乐意向银行推荐其他优质客户并义务为银行宣传，使银行在该客户的圈子中树立良好的形象，吸引更多的优质客户与该银行合作。

2. 客户关系维护的内容

银行在客户关系维护中的工作内容涉及多个方面，概括而言，主要是客户信息的采集、全流程跟踪、记录客户维护过程、客户价值分析和在维护中实现深度销售。

1）客户信息的采集

客户综合信息的采集是维护客户关系的基础性工作，是提供产品服务、分析客户价值，推进合作关系的依据。随着银行数据挖掘技术的应用，客户交易信息的采集将变得越来越方便或无须客户经理采集就可利用，但是，银行外部存在的客户信息将依然需要客户经理去承担采集任务。

一般而言，客户经理需要采集的银行内部客户交易信息有：存款余额、存款平均余额、存款账户发生业务频率、贷款余额、贷款累计发生额、风险贷款余额、表内表外应收未收利息余额，网上银行发生额，信用卡、借记卡消费额、国际业务结算量、代收付业务量、人民币异地汇兑业务量、开放式基金、国债和银证通业务量等。

银行客户维护管理人员需要从银行外部采集的客户信息因个人客户与公司客户有所不同。

公司客户信息主要包括客户行业性质，国家有关此行业的产业政策，行业发展趋势，竞争状况，公司成立时间，注册资本，股东结构，主要经营团队，业务经营状况（主要财务报表），主要业务在行业内表现（销售额市场排名），在建投资项目情况，最新投资计划，公司分立、收购、兼并、上市计划，与其他银行业务往来情况等。

个人客户信息主要包括职业、个人年收入、家庭年收入、家庭结构、家庭资产结构、家庭主要消费、个人消费偏好、个人投资偏好等。

2）全流程跟踪

全流程跟踪包含了向客户提供银行产品、提供辅助服务、客户满意度追踪和处理客户抱怨等全部流程过程。

客户经理在全流程跟踪工作中，要发挥客户经理作为联系客户与银行的桥梁作用，配合前台柜员、电子银行部、国际业务部、信贷管理部等做好客户开户申请、网上银行、信贷业务及其他业务的相关资料的准备，介绍相关业务的办理程序和收费标准，及时征询客户意见并向相关人员、部门反映，改善服务。

客户经理全流程跟踪的重点工作内容有以下几项：

（1）落实银企协议，跟进产品和服务。银行对重点客户一般以银企合作协议的方式确定合作关系，合作关系的真正建立与维系，需要依靠产品和服务的跟进来实现。

客户经理对签订的协议要及时跟进，对无须开发即可提供的产品，必须立即与客户方面的具体经办人联系，办理相关业务的申请，指导客户使用。对需要开发的产品，客户经理要提出业务开发需求书，跟踪行内的开发进度。

(2) 特殊情况服务。特殊情况服务包括客户突发加急业务服务处理、争议业务处理、客户投诉处理。特殊情况往往是考验银行与客户合作关系的试金石，客户经理在处理时间上要保证及时，争取在第一时间到场，必须与相关部门紧急沟通，保证向客户提供的解决方案可行。客户经理应对特殊情况的服务技巧与能力，反映了业务素质，也凸显银行的企业文化。

(3) 后续服务。在后续服务中，客户经理重点要做好辅助服务及客户意见调查。辅助服务包括客户回单、对账单的传递，相关合同文本、业务申请表、业务指南的及时提供和补给等。要定期对银行已提供的产品作客户使用意见调查，并采取改善措施扩大销售。

3) 记录客户维护过程

银行内部考核往往"重结果，轻过程"，银行管理者通常较为看重客户维护的最终结果，却不重视客户维护的过程记录。这种现象会导致客户维护工作的成功经验难以得到推广应用，本质上是一种资源浪费，也会使银行的客户维护质量参差不齐，甚至出现客户随着客户经理的辞职而流失的现象。

因此，银行对客户关系维护应该建立"过程和结果并重"的考核制度，要求客户经理记录客户维护工作的过程，如设置"客户维护日志"，每天记录对客户的维护内容、维护方法、维护心得和维护反思等，形成文字资料，将成功经验推广等。

4）客户价值分析

客户经理承担着客户与银行的合作关系动态管理的责任。随着客户经营的变化和银行自身客户战略的变化，对现有客户是深化合作关系，维持合作关系，还是淡化合作关系，甚至退出合作的判断方法主要采用客户价值分析。

客户价值分析包括客户现实价值分析、客户潜在价值分析两方面。客户现实价值分析侧重根据客户在银行的交易数据，衡量客户对银行贡献水平、贡献变化趋势，并与预期贡献进行比较，查找差异原因。客户潜在价值分析侧重于分析客户综合信息数据，预测未来客户对银行的贡献水平、贡献变化趋势。

开展客户价值分析应注意以下事项：

(1) 定期分析。客户经理在日常工作中必须定期(1 个月、1 个季度) 对客户价值进行分析。

(2) 采集信息。客户价值的分析要在充分采集客户信息资料的基础上才能进行。

(3) 兼顾收益与成本。客户价值分析要结合银行收益与银行成本支出两个方面进行。

(4) 存档验证。客户价值的分析要形成书面资料并存档，方便印证客户价值分析的准确性，总结提高客户价值分析的水平。

5）在维护中实现深度销售

客户维护一方面要做到在开发中维护；另一方面也要做到在维护中开发。特别是在维护中的开发成功概率较高，也可减少开发成本。因此，客户经理应掌握交叉销售技巧，在维护中实现深度销售。例如，筛选现有企业结算大户，推广网上银行业务，向个人存款大户推荐购买国债、保险、基金等。

3. 客户关系维护的基本方式

客户关系维护的基本方式包括日常维护、特殊维护和客户关怀等。

(1) 日常维护。日常维护包括日常柜面服务、日常上门服务、常规沟通和日常营销等。

(2) 特殊维护。特殊维护包括专项维护、专项答疑(主要是解除客户对银行产品及服务的各种疑难问题)、量身定制、问题沟通及处理(主要是处理银行产品与服务出现的失误和客户抱怨与投诉问题)和危机管理等。

(3) 客户关怀。客户关怀包括节日庆典、生日祝福、病情看望和其他关怀等。

银行在进行客户关系维护活动中，可以根据不同的客户采取不同的维护方式。下面按照客户的金融产品偏好、购买习性、客户营销分级和客户关系状况分别列表阐述。

按照客户的金融产品偏好对客户关系进行维护如表 10－1 所示。

表 10－1

金融产品偏好与客户关系维护方式

维护方式 客户类型	日常维护	特殊维护	客户关怀
存款倚重型	日常柜面存取款服务、常规沟通、日常存款产品及关联产品推介等。维护角色为柜面营业人员和客户经理	上门服务、专项答疑、存款量身定制服务、问题沟通及处理、危机管理。维护角色为柜面营业人员、客户经理、产品经理、科技人员、法律人员、网点负责人、部门负责人、银行领导等	节日庆典、生日祝福、病情看望、其他关怀。维护角色为客户经理、网点负责人、部门负责人、银行领导等

（续表）

维护方式 客户类型	日常维护	特殊维护	客户关怀
贷款倚重型	客户贷前、贷中、贷后管理及服务，常规沟通，日常贷款产品及关联产品推介等。维护角色为客户经理和柜面营业人员	贷款套餐、专项答疑、贷款量身定制、问题沟通及处理、危机管理。维护角色为客户经理、产品经理、风险经理、审批人员、科技人员、法律人员、网点负责人、部门负责人、银行领导等	节日庆典、生日祝福、病情看望、其他关怀。维护角色为客户经理、网点负责人、部门负责人、银行领导等
中间业务倚重型	日常柜面结算及咨询服务、常规沟通、日常中间业务产品及关联产品推介等。维护角色为柜面营业人员和客户经理	中间业务套餐、专项答疑、中间业务量身定制、问题沟通及处理、危机管理。维护角色为客户经理、产品经理、风险经理、科技人员、法律人员、网点负责人、部门负责人、银行领导等	节日庆典、生日祝福、病情看望、其他关怀。维护角色为客户经理、网点负责人、部门负责人、银行领导等
综合均衡型	日常柜面综合服务、常规沟通、日常各种产品及关联产品推介等。维护角色为柜面营业人员和客户经理	上门服务、专项答疑、各种产品量身定制服务、问题沟通及处理、危机管理。维护角色为柜面营业人员、客户经理、产品经理、风险经理、审批人员、科技人员、法律人员、网点负责人、部门负责人、银行领导等	节日庆典、生日祝福、病情看望、其他关怀。维护角色为客户经理、网点负责人、部门负责人、银行领导等

按照客户的购买习性对客户关系进行维护如表 10－2 所示。

表 10-2

购买习性与客户关系维护方式

维护方式 / 客户类型	日常维护	特殊维护	客户关怀
关系维系型	加强日常沟通，不断交流思想感情，建立良好的个人关系和单位组织关系。维护角色主要为客户经理、产品经理、科技人员、网点负责人、部门负责人、银行领导、柜面营业人员等	上门服务、专项答疑、量身定制服务、问题沟通及处理、危机管理。维护角色为柜面营业人员、客户经理、产品经理、科技人员、法律人员、网点负责人、部门负责人、银行领导等	节日庆典、生日祝福、病情看望、其他关怀。维护角色为客户经理、网点负责人、部门负责人、银行领导等
质量偏好型	加强日常沟通，针对客户需要提供优质服务和创新产品。维护角色主要为客户经理、产品经理、科技人员和柜面营业人员	重点是对质量问题沟通及处理、危机管理。维护角色为客户经理、产品经理、科技人员、法律人员、网点负责人、部门负责人、银行领导等	节日庆典、生日祝福、病情看望、其他关怀。维护角色为客户经理、网点负责人、部门负责人、银行领导等
价格敏感型	日常柜面综合服务、常规沟通、日常各种产品及关联产品推介等。维护角色为柜面营业人员和客户经理	重点对价格问题沟通及处理、危机管理。维护角色为客户经理、产品经理、风险经理、科技人员、法律人员、网点负责人、部门负责人、银行领导等	节日庆典、生日祝福、病情看望、其他关怀。维护角色为客户经理、网点负责人、部门负责人、银行领导等
信用分配型	日常柜面综合服务、常规沟通、日常各种产品及关联产品推介等。维护角色为柜面营业人员和客户经理	重点是对信用问题沟通及处理、危机管理。维护角色为柜面营业人员、客户经理、审批人员、科技人员、法律人员、网点负责人、部门负责人、银行领导等	节日庆典、生日祝福、病情看望、其他关怀。维护角色为客户经理、网点负责人、部门负责人、银行领导等

按照客户的营销等级对客户关系进行维护如表 10－3 所示。

表 10－3

客户营销等级与客户关系维护方式

维护方式 / 客户类型	日常维护	特殊维护	客户关怀
重点客户	单独柜面服务、随时沟通、全方位服务及营销等。维护角色为所有可能涉及的人员	上门服务、重点客户系统服务、及时专项答疑、量身定制服务、问题沟通及处理、危机管理。维护角色为所有可能涉及的人员	节日庆典、生日祝福、病情看望、其他关怀。维护角色为客户经理、网点负责人、部门负责人、银行领导等
普通客户	大众服务。维护角色为客户经理和柜面营业人员	产品推介、大堂答疑、问题沟通及处理、危机管理。维护角色为客户经理、产品经理、科技人员等	根据情况有选择地进行客户关怀
退出类客户	大众服务。维护角色为柜面营业人员和客户经理	问题沟通及处理、危机管理。维护角色为客户经理、风险经理、科技人员、法律人员等	根据情况有选择地进行客户关怀

另外，商业银行可以根据客户关系状况对客户关系进行维护，关系比较密切的尽可能更加密切，对于客户关系较淡的要设法密切关系。对于个人客户及处理公司类客户中的个人关系时，还应考虑个人的性别差异、民族差异、文化差异、信仰差异、性格特点和个人爱好等要素，尽可能减少不必要的冲突。

4. 客户关系维护的主要方法

客户关系维护的方法主要有分层维护、情感维护、超值维护和扩大销售维护。

1）分层维护

银行本身的资源是有限的，所以，银行客户关系维护先要将客户进行分层，按客户对银行的利润贡献度高低提供不同级别的维护。对利润贡献度较高的重要客户，银行要配备专职的客户经理进行维护；而对利润贡献度较低的次要客户，银行可以通过自助设备和柜面进行一般性维护。

利润贡献度越高的客户，银行越要配备职务高、资历深、能力强的客户经理进行维护；对于利润贡献度特别高的“黄金客户”，银行应该由具有不同特长的客户经理组成客户服务小组进行精心维护。

2）情感维护

一个高明的客户经理，不会在初次接触客户时就要求客户购买金融产品，因为这样做太功利，很容易引起客户的反感。高明的客户经理知道“先有付出，后有收获”的道理，所以他们会在自己能力范围内，先帮助高价值客户解决一些实际问题。例如，动用自己的人脉关系帮助客户解决一些私人困难，以此来消除客户的戒备心，培养彼此之间的感情，让客户觉得客户经理是一个值得信赖的朋友。当客户经理与客户成为知心朋友后，再洽谈办理银行业务的事情就顺理成章了，成功率也会大大提高。

情感维护一定要注重细节维护。例如，传统佳节或客户生日，客户经理应适时地以短信、贺卡、小礼品、邀请客户参加活动等方式表达心意，让客户感受到银行对他的重视和牵挂。这样充满人情味的维护有助于培养客户对银行的忠诚度。

3）超值维护

超值维护是指银行为了达到在市场竞争中占据优势、吸引并留住客户的目的，由客户经理向客户提供超出其需求、物超所值、具有深厚人情味的服务，令客户得到前所未有的满足感的维护方式。超值维护主要包括以下内容：

(1) 追求常规维护明显超越其他银行，使客户体验到本银行的与众不同。比如，本银行客户经理的专业素养和服务态度明显好于其他银行，办理业务效率明显高于其他银行等，令客户产生“总体素质明显高一筹”的感觉。

(2) 通过超值维护使客户的收益增加，使客户认识到银行在帮助自身积累财富方面的积极作用，增加客户对银行的信任和依赖。例如，对于个人客户启迪客户的金融意识，引导客户走出传统理财的局限，使客户的货币资产增值。

4) 扩大销售维护

客户在一家银行办理的业务品种越多，成为该银行忠诚客户的可能性就越大。所以，当一个优质客户在银行开立了存款账户之后，客户经理应当采取有效措施，让客户在本银行办理尽可能多的业务品种。

扩大销售能深化优质客户与银行的合作关系，让银行从客户身上得到更大的收益，更重要的是，扩大销售能让客户对银行的信任感和信赖性增加，有利于培养客户对银行的忠诚度，从而为银行留住稳定的利润来源。

以上维护方法不是孤立存在的，而是互相渗透、互为依托的。高明的客户经理应该善于将上述维护方法组合使用，使银行与优质客户保持长期良好的合作关系。

10.2.5 客户关系退出

不论客户身处哪个行业，生产什么产品，客观经济规律告诉我们：每个行业每个产品都有生命周期。通常，生命周期包括四个阶段，初创期、成长期、成熟期和衰退期。从银行自身的价值取向以及银行所承担的社会责任看，任何银行都不可能陪伴客户走完生命周期的四个阶段，而应根据实际，选择进入和退出客户及某个市场的时机。

银行与客户的关系有建立、维护和退出三个阶段，择机退出需要智慧，更需要勇气和胆略。银行产生信贷风险的原因之一就是没有及时进行客户关系的退出，以至于越陷越深，最终客户风险暴露使银行遭受损失。

1. 客户关系退出

客户关系的退出可以是对客户某些业务的退出，也可以是整个客户所有业务的退出。客户关系退出的原因主要有四种：

第一种是因为客户对银行的贡献低于一定标准，银行为了把有限的资源最大化而退出某些低端客户。

第二种是因为银行调整自身的经营管理策略，以适应市场需要，在从某些行业或者区域退出，导致在这些行业或区域的客户关系退出。

第三种是因为客户出现了风险信号，银行的风险预警系统接收到预警信号之后，为了规避风险而选择主动退出客户关系。

第四种是因为同业竞争对手介入使客户流失而发生客户关系退出。

2. 客户关系退出的益处

有时候，客户关系退出未必是坏事。例如，对于贡献度较低的客户以及潜藏风险的客户的主动退出，有利于降低客户维护成本和客户违约成本，银行实现价值最大化。客户经理还可以因此避免责任风险。

3. 客户关系退出的方法与策略

客户关系退出是一个涉及全局的战略，对客户经理的风险识别能力、退出时机把握能力、沟通协调能力提出了很高的要求。退出的方法也因客户情况的不同而不同。一般有以下几种退出方法：

(1) 整体退出。银行与客户之间除了发生清收处置资产有关的业务活动外，再不发生包括资产、负债、中间业务在内的一切业务关系，是与客户关系的终结。最终实现一次性全部现金退出或部分现金退出，部分以实物收回或损失等待核销。例如，对于那些已无起死回生希望的客户、存在道德风险的客户、造成银行重大不良资产的客户。

(2) 逐步压缩退出。通过逐步提高银行提供产品的价格、减少客户信用总量和改变服务内容，迫使客户选择其他金融机构的产品或从其他渠道取得资金支持，以达到相对退出、结构优化和风险分散的目的，实现依次退出的目标。

逐步压缩退出主要有以下几种策略：

第一，“渐进式”退出。上浮利率、缩短期限、多收少贷，迫使退出对象谋求其他渠道融资，逐步降低贷款份额。

第二，“节育式”退出。停止发放贷款，只收不贷，分次退出。

第三，“压缩式”退出。控制贷款总量，努力压缩，逐步退出。

第四，“重组式”退出。积极为客户牵线搭桥，实现资产和债务重组，逐步退出。

第五，“服务式”退出。为企业提供融资、新技术推广应用、经营管理等方面的信息咨询服务，帮助企业清收欠款，盘活信贷资产，实现部分退出。

(3) 与进入相结合的退出。在信贷退出过程中,出于策略上的考虑,有可能向客户暂时增加新的信用,但终极目标是从客户完全退出。按照有进有退,以进引退,做到进退有机结合,把贷款风险化解到最低限度。

通过项目嫁接、资产剥离、资产重组、资产出售等方式实现与进入相结合的退出。

与进入相结合的退出主要有以下几种策略:

第一,“迂回式”退出。适当投入少数资金,帮助盘活后逐步退出。

第二,“救火式”退出。提供部分信用的方式支持企业分立改制、兼并重组或者采取债转股,先让客户“活”起来,再逐步退出。

第三,“以进代退式”退出。扶持企业进入第二周期或涉足有发展前景的行业。

第四,“出售式”退出。支持其他优良客户购入不良资产,将不良资产盘活后退出。

10.2.6 客户流失管理

客户关系管理的核心任务是全力维护与优质客户形成的良好关系,尽量减少客户流失所带来的负面影响。从客户维护的角度看,优质客户也可能是一把“双刃剑”。一个优质客户的背后往往潜藏着更多的优质客户,甚至是一个优质客户群体,这些优质客户往往会选择同一家银行作为主办银行。对一个优质客户的成功维护可能会因此而营销到一个优质客户群体,会收到具有战略意义的效果;然而,由于不成功的客户维护而失去了一个优质客户,也会产生连锁反应,可能因此而失去一个优质客户群体,其口碑效应的影响是巨大的。从这个意义上看，客户维护和防止客户流失是一个战略层面上的问题。

在银行业进入全面同质化竞争的现今，竞相挖走竞争对手的优质客户已经成为同业竞争的主要手段。客户流失几乎已成为所有商业银行共同面临的尴尬。

银行客户流失是指客户由于种种原因而终结与银行的所有业务往来的情形。其基本特征是交易锐减、停止交易(保留名义账户，不再发生交易)和清户。

重视客户流失管理，分析客户流失的方式、特征、原因，对客户流失提前预警将有利于尽快发现市场需求变化、银行自身产品和服务缺陷并及时采取补救措施；有助于银行客户的维护和保留。因此，有必要将客户流失分析及预警管理纳入客户关系管理之中。

1. 客户流失的方式

银行客户流失的方式主要是客户自然消亡和客户转移流失。

(1) 客户自然消亡是指从法律意义上的主体消亡，包括客户破产、重组、被兼并等。

(2) 客户转移流失是指银行客户地理迁徙和客户转移。客户转移主要是客户转移至其他银行成为竞争对手的客户资源，又可细分为一次性全部转移流失和部分渐进式转移流失。

2. 客户流失原因

银行客户流失的原因主要有客观原因和主观原因。

1) 客观原因

(1) 由于银行的某些环境因素发生变化，造成客户流失。

(2) 由于商业银行自身资源和能力的限制不能满足客户

需要，造成客户流失。例如，一些小银行会受到自身规模、产品和服务的限制使大客户流失。

(3) 由于客户自身不可抗力的因素，造成客户流失。

2) 主观原因

(1) 银行方面的原因：

① 银行服务质量有问题，造成客户流失。

② 银行产品和服务缺乏创新，造成客户流失。

③ 银行市场监控和内部管理不力，造成客户流失。

④ 银行员工跳槽带走客户，造成客户流失。

⑤ 银行与客户关系恶化，造成客户流失。

⑥ 银行公司治理和经营发生重大变故，造成客户流失。

⑦ 银行对客户需求变化的反应迟钝。

(2) 客户方面的原因：

① 客户遭遇其他银行新的诱惑，造成客户流失。

② 客户短期行为作梗，造成客户流失。

③ 客户需求标准发生变化，造成客户流失。

④ 客户股权、经营发生重大变故，造成客户流失。

3. 客户流失的特征

客户流失的特征有：

(1) 交易品种减少。

(2) 交易次数减少。

(3) 交易金额减少。

(4) 余额锐减。

(5) 交易停止。

(6) 结清账户。

4. 客户流失的影响

客户流失对银行的影响主要有：

（1）直接影响，包括交易量的变化、存贷规模的变化、收入的变化、利润的变化、市场占有率的变化等。

（2）间接影响，包括对银行客户结构的影响、银行发展速度和质量的影响、对银行竞争力和竞争地位的影响、对银行关联客户的影响、对银行口碑及社会形象的影响等。

5. 客户流失预警

客户流失预警是防患于未然的重要措施。客户流失预警分析主要是对客户最近一次交易的时间距当今有多远（也就是停止交易的时间）、频率（最近一段时间内购买的次数）、货币价值（最近一段时间每次购买的平均金额）指标进行分析，设定一个临界值，一旦突破进行报警。

思　考

◇ 作为一个客户经理，你希望与客户建立怎样的关系？

◇ 怎样通过客户关系维护提高客户的忠诚度？

◇ 管理好客户关系有哪些“要诀”？

◇ 客户信息管理的意义和价值是什么？

◇ 客户关系退出的原因是什么？退出策略有哪些？

第三篇

银行营销案例与评述
——前车之鉴

凡是经营成功的银行，多数在营销和客户服务上亦各具特色，甚至有一些银行成功经营的主要秘笈是实施了卓有成效的营销。俗话说，他山之石可以攻玉。学习和借鉴银行营销的成功经验是很多陷入激烈同业竞争的银行摆脱现状的可取之道。

本篇选择了世界各国部分银行营销的成功范例。其内容涵盖了银行营销的各个领域，包括发展战略、市场细分、市场定位、产品定价、风险控制、差异化营销策略、客户选择策略和客户关系管理等诸多方面。

对银行决策管理层而言，一味地模仿他人成功营销的经验并不一定能取得成功。如何吸取他人成功的核心要素，结合自身状况，找到一条适合自己的营销之道是银行决策管理层的重要使命。

第 11 章

银行营销经典案例评述

引言：他山之石，可以攻玉

俗话说："他山之石，可以攻玉"。但凡能在激烈的同业竞争中脱颖而出，取得成功的银行都有自身的成功之道。其中，多数在营销和客户服务上独具特色，学习和借鉴这些经营成功的银行在营销方面的经验是不少银行摆脱经营困局的捷径。

本章节选了四个银行营销的成功范例。内容包括发展战略、市场细分、市场定位、差异化营销策略、产品定价、风险控制、客户选择策略、客户关系管理等诸多方面。

如何从他人成功的经历中找到秘诀，如何诊断自身状况，寻得出路是银行决策管理层的责任。

案例 1

美国硅谷银行的发展战略[①]

1. 硅谷银行概况

硅谷银行 1983 年成立于美国，是硅谷银行金融集团的子公司，目前资产达到 50 亿美元，并通过位于美国的 27 家办事处，3 家国际分公司以及在亚洲、欧洲的广泛商业关系网，为风险资本以及创业企业提供了 26 亿美元的贷款。硅谷银行主要服务于科技型企业，成功帮助过 Facebook、Twitter 这样的明星企业。

2. 市场定位战略

硅谷银行成立之时，正是硅谷高科技产业风起云涌之际，当时在硅谷开设的银行虽有 350 家之多，其中包括美洲银行、巴黎国民银行、标准渣打银行的分支机构。但这些大银行大多把其服务对象放在大公司身上，对中小公司则无暇顾及。而硅谷银行绕开大型银行的分支机构，把自己的目标市场定在那些新创的、发展速度较快、被其他银行认为风险太大而不愿提供服务的中小企业身上。这些公司全都受到风险投资的支持，但都还没有在股票市场上市。同时，硅谷银行的业务向全国延伸，提出“技术创新的中心在哪里，我们就在哪里”这样一个响亮的口号，支行遍布美国各地。

3. 定价策略

硅谷银行的经营战略为当时那些还处于艰苦创业，资金

① http://www.chinabanker.com.cn/web/20060727/banker/html/news_3720_1.shtml，硅谷银行的营销模式.

匮乏，贷款无方的硅谷科技公司带来了福音，自己也随之获得了丰厚的回报。从1993年以来，硅谷银行的平均资产回报率是17.5%，而同时期的美国银行业的平均资产回报率是12.5%左右。这使得它成为全美新兴科技公司市场中最有地位的商业银行之一。

硅谷银行的贷款利率普遍高于其他商业银行。处在一个风险相对较高的领域，贷款利率自然要高，对于那些贷款无方的初创公司，显然也不会在意多出一个点半个点的贷款利率。而硅谷银行的资金来源成本又是最低的。许多创业者从风险投资者那里得到一笔投资后，会马上在硅谷银行开一个账户，并在银行的帮助下建立起一套财务体制，这些客户对存款的利率也不敏感，而且在存款中有30%左右是不付利息的活期存款账户，资金来源成本低廉，贷出去的价格又高，收益自然比较高。

4. 信贷风险控制

如何规避和控制风险是硅谷银行取得成功的又一关键，硅谷银行在确定一家初创公司是否值得提供信贷服务时，会通过各种途径作周详的调查。首先，会对管理层作很详尽的尽职调查；其次，会与那些已经投资这些公司的风险投资公司交谈。另外还会给这些公司的财务公司法律顾问打电话，向他们了解这些公司的历史、业绩，同时银行会把借款和公司的现金流量匹配起来，每月查看公司的资金使用情况。

为了降低风险，硅谷银行规定所服务的客户对象必须是有风险投资支持的公司。另外，硅谷银行会与客户签订协议，要求以技术专利作为抵押担保，根据协议，如果不能还钱，公司的技术专利将归银行所有；如果公司难以为继，在技术专利卖掉后，所得款项也要首先归还硅谷银行的贷款，然后才轮到风险投资公司。这个协议就迫使风险投资公司必须与硅谷银行合作。

在担保方面，硅谷银行的措施也有灵活的一面，以专利技术作为担保主要指公司处于研发阶段。在产品进入市场后，公司就有了应收账款，应收账款可以替代知识产权作为抵押。

5. 股权经营策略

硅谷银行的另一大收益来自它持有的众多客户公司的股权组合。在为那些初创的高科技公司提供信贷服务时，硅谷银行会乘机附带一些条件，如索取这家公司的部分期权等。一旦公司成功上市或股票升值，就能给硅谷银行带来巨大的收益。

6. 风险分散与化解

与风险投资机构建立紧密的合作关系一直是硅谷银行最重要的策略之一。硅谷银行同时为风险投资机构所投资的企业和风险投资机构提供直接的银行服务，通常它会将网点设在风险投资机构附近。硅谷银行还是200多家风险投资基金的股东或合伙人，以此建立更坚实的合作基础。再有，硅谷银行建立了风险投资咨询顾问委员会。以上的各种努力使得硅谷银行与风险投资机构共同编织了一个关系网络，在其中大家可以共享信息，开展更深层的合作。

7. 与中国银行业的合作①

2010年12月21日，浦发银行晚间公告称，12月18日，公司与美国硅谷银行签署《发起人协议》，拟在中国设立一家专注服务科技型中小企业的合资银行。不过，该协议尚待中

① http://www.sina.com.cn,2010年10月11日9:00,《21世纪经济报道》，押注金融牌照　硅谷银行上海潜行.

国和美国监管机构的审批。

作为对中国市场的试探，2008 年，硅谷银行将目标首先锁定在了担保业务，投资入股了浙江中新力合担保有限公司。而 2009 年通过与上海杨浦区的合作，硅谷银行成功获得了进一步渗透中国市场的敲门砖——成立上海办事处，并帮助杨浦区政府管理若干只基金。

此前数月，在时任美国加州州长施瓦辛格访问上海期间，硅谷银行与上海市金融办、上海杨浦区政府曾经签署了一系列框架协议，意在推进高科技风险投资。不过，硅谷银行相关人士在接受媒体采访时曾表示，受制于金融牌照的限制，硅谷银行目前在中国还无法开展足够多的业务。

如果双方所商议的条款获得相关监管部门批准，硅谷银行将出资不超过 5 亿元，并持有合资银行不超过 50% 的股权。

8. 启示与思考

显然，硅谷银行的成功是一系列正确举措的结果。第一，差异化的市场定位使其在创建初期避免与强大竞争对手的正面冲突；第二，对客户特征的正确把握使其选择了恰当的定价策略，以高定价弥补了定位于高科技客户可能带来的信贷风险；第三，严格的信贷风险控制体系确保了信贷风险的可控可防；第四，股权投资策略使其分享了高科技客户的高成长，获益丰厚；第五，与风险投资机构的合作，分散和化解了客户带来的风险。

我国银行业的同质化趋势非常明显，真正具有清晰具体细分市场的银行并不多，多数银行的市场定位笼统、模糊、同质化，也没有较为完整的针对具体细分市场的定价策略和风险控制手段。硅谷银行的成功值得思索和借鉴。

案例 2

美国社区银行的差异化营销智慧[①]

1. 金融危机下的社区银行

美国现有 3 000 多家社区银行，这些规模很小的银行不仅在具有全球影响力的跨国银行，如美洲银行等的夹击下生存了下来，而且在金融危机的冲击下其业务受到的影响远远小于那些资本雄厚、每年花巨资于品牌宣传的银行巨头。

这些社区银行是如何在竞争激烈的美国金融市场找到自身的位置呢？答案是情感营销和快捷便利的服务理念，通过维持极其亲密的客户关系，把客户忠诚度提升到金融巨头没法做到的高度，并通过快捷便利的差异化服务扩大战果，为自己建立牢固的市场阵地。

2. 差异化的营销策略

1）真诚真心关怀客户

如果你有机会走进一家美国的社区银行，你很可能会为这些小银行营业厅的友善气氛感到震撼，银行员工能记得多数客户的姓名及家庭背景等，精确瞄准满足客户的情感需求，让客户每次踏进营业厅都有被关心、被理解甚至宾至如归的感觉。

除了员工利用热情亲切、待客如家人的态度软化客人的心之外，大多数美国社区银行营业厅内设有客户休闲区，社区内的人可以在营业厅里轻松聊天，认识更多的朋友。结果

---

① http://dealer. yesky. com/college/352/9068852. shtml, 2009 年 8 月 11 日 13:34，胡嘉琪，中国营销传播网.

这种温情手段成功让客户突破了对银行的认知，这些小银行对于他们来说不仅仅是存款、还款、贷款理财的地方，更进一步成为他们生活的一部分：即使今天不办理业务，路过网点还是多半会进去跟熟人打声招呼的，久而久之，这些社区银行的服务理念就在客户的心中潜移默化，并占领了他们的心智阶梯。

每个客户，都有希望被理解、被关怀的需求。

2）快捷便利的服务

第一，美国社区银行以零售业务为主，没有太多的大客户和对公业务，这赋予了社区银行全心服务中小客户的能力，从而保证了客户办理贷款的效率。第二，由于社区银行服务的大部分都是老客户，对于这些处于同一社区的客户的资信情况了解更为深入，因此社区银行在达到风险控制的前提下，能以更高的速度审核贷款。

由于贷款审批周期短，加上客户对这些社区银行强烈的忠诚度，社区银行在利息更高的情况下仍然有源源不绝的贷款申请就不足为奇了。对于所有被竞争激烈的市场环境、产品或服务模式同质化搞到焦头烂额而不得不在市场中血拼的银行，不妨想一想，你们的目标人群中，有哪些人对快捷便利的服务有所渴望？通常这些人的价格敏感度都比较低。

3. 启示与思考

银行规模有大小之分，经营的产品与服务类型有差别，所服务的对象也不尽相同。市场本身存在差异，客户需求亦有差异，如何通过差异化的市场定位和差异化的营销手段赢得属于自己的客户群体至关重要。

对于我国大多数小银行而言，找准自己的市场定位与赢得客户青睐的秘笈是做好营销的关键。与美国社区银行的员工相比，我们的营销和服务人员是否能做到真诚地关心客户的金融服务需求和情感需求，还是迫于经营、考核的压力被动地服务客户，能否真正做到“想客户之所想”呢？

案例 3

德国商业银行优质资产客户选择的经验①

1. 选择优质资产客户的范围广泛

德国商业银行的活动范围广泛，不仅包括工商业方面和消费者方面的银行业务，而且还经营证券承销的投资银行业务。德国商业银行在从事证券承销之外，往往还拥有优质资产客户的股权。例如，德意志银行拥有包括奔驰汽车公司几十家优质资产客户的股份，德意志商业银行参股德国最大的百货零售企业卡斯坦第公司(Karstadt)。因此，德国商业银行被称为“全能银行”(Universal Bank)，可以在资金、资本等不同的业务领域选择优质资产客户，标准比较灵活。

2. 选择优质资产客户时偏重中长期客户

德国银行向优质资产客户提供短期、中期、长期贷款，其中：中长期贷款占到所有贷款的2/3；作为优质资产客户的大股东，德国银行持有优质资产客户大量股份，有时高达10%。因此，德国银行在选择优质资产客户时更重视企业的发展潜力和与企业的长久合作，为优质资产客户提供全方位、一条龙服务，随着企业市场的拓展而延伸服务领域。目前，德国银行积极向东欧国家发展，选择中长期优质资产客

① http://www.21gwy.com/lunwen/yhgl/a/6399/186399.html.

户。在历次国际金融风波中，实行全能银行的德国，银行业一直得到稳健的发展，与德国银行重视与优质资产客户的中长期合作有很大的关系。

3. 以扁平化组织结构来选择优质资产客户

以德意志银行为例，该行选择优质资产客户的组织体系层次是：

(1) 管理中心或总部。该行在法兰克福、纽约、伦敦、新加坡分别设有四个管理中心，这四个管理中心的管理权限是一样的，每天优质资产客户的选择情况都要汇集到管理中心，这个管理中心的工作结束，另一个管理中心的工作开始，以保证在24小时内对全球分支机构在营业时间内都有管理，管理中心有权根据当天的经营情况调整内部利率、调动资金，负责大额贷款的审批及优质资产客户的商人银行业务。超过管理中心权限以上的大额贷款由董事会批准。

(2) 18个管理行（相当于地区性管理中心）。它们在管理中心的直接领导下，对分行选择的优质资产客户进行审批，18个管理行还经营大金额的贷款和私人银行业务。

(3) 分行。它们在18个管理行的领导下选择优质资产客户，其业务权限、业务范围和选择的客户更小。在纵向减少管理层次的同时，在内设部门方面，采用按照客户类别设置部门的做法，将德意志银行总行分为零售及私人银行部、国内公司及房地产部、全球公司及机构部和资产管理部，以加强和密切与优质资产客户的合作，提高选择优质资产客户的效率和质量。这种扁平化组织结构成为德国银行选择优质资产客户的通行做法。

4. 启示与思考

德国商业银行选择优质资产客户的视野宽广、标准灵活,有利于最大限度地吸纳优质客户。银企关系不局限于债权债务关系,银企股权联系更具战略意义,在激烈的市场竞争和客户竞争中对银行同业具有"排他性"。

注重与客户的长期合作关系有利于培养忠诚度和维护客户关系,也有利于把客户关系推进到深层次,可以投入更多成本为优质资产客户量身定制服务,符合银行长期发展战略。

扁平化的客户选择、管理体系有利于提高客户选择的效率;分层客户选择体系有利于实现差异化、精细化、层次分明的客户服务。对于我国很多小银行而言,差别化的客户筛选体系正在建立和完善中,可以说,任重而道远。拥有一批忠诚度和贡献度俱佳的客户群体是银行的生存之本。

案例 4

加拿大皇家银行的客户关系管理:服务制胜[①]

加拿大皇家银行金融集团(RBC)也曾经面临银行业竞争加剧、产品同质化明显、争夺客户趋于白热化的冲击。

1. 以客户为中心取代以产品为主

实际上,所有的行业都是服务业,银行属于金融服务业,必然要从产品竞争转向服务竞争,从以产品为中心转型为以客户为中心,在服务上增加投入。面对加拿大银行业异常激烈的同业竞争,RBC 采取一项重要举措,全面引入客户关系管理(CRM)。在 RBC 内部,客户关系管理得到了从上到下

① http://www.100jrxx.com/HP/20100906/DetailD1431134.shtml.

的重视，还针对2 000多位客户展开详尽的调查，了解客户对银行服务的需求，寻求如何使服务更加贴近客户和满足客户。根据这一调查，RBC改善了呼叫中心、营业网点和直邮等与客户密切接触的服务环节。

2. 借助CRM进行客户分类分层

借助客户关系管理，RBC对客户进行了细分，分为关键客户、成长客户和基本客户等几类，每类又进行再细分。例如，关键客户包括少年、起步者、小企业和养殖业及非主要收入来源农业。在RBC看来，许多客户现在的地位微不足道，但未来有可能为银行带来较高利润。成长类客户则代表了中年的客户，其资产增长快，信用度高，对理财顾问服务有较高的需求。CRM就是留住、发展和巩固客户，使其与银行的关系进一步增强。

3. 强化营销管理，进行流程和组织架构再造

RBC还在营销团队内部增设了一个高级职位，专门负责客户关系营销和信息管理，直接向负责营销的高级副总裁报告。同时，壮大了实施客户关系管理的战略营销研究和分析团队，负责客户利润衡量，CRM战略制定、决策和报告，市场细分和制作预测模型，基本的营销研究。

RBC围绕客户关系管理进行了组织重构。新的组织结构对以产品为中心的旧体系进行分层，形成一个由产品经理和市场细分经理共同对盈亏负责的矩阵。例如，一个将新产品推向基本客户细分组的营销项目，需要由市场营销人员、产品开发人员和某个市场细分经理共同监控和参与。

RBC引入客户关系管理，还致力于业务运作更加高效，以及降低运营成本。该集团将多项后端业务的处理，集中到多伦多总部；五个区域的销售和营销团队进行合并，并集中

到多伦多，网点不再需要通过电话索要客户信息。此外，设立了一个专业团队，为营业网点提供所需要的特殊信息和深加工的信息。波顿教授称，这样做是将集中的标准销售信息，替代原来杂乱无序的地区层面的销售信息处理流程。客户经理协调客户与银行的业务，从抵押贷款到贷款额，再到投资账户，CRM系统则支持银行的高效工作。

RBC营销部门开发出客户利润评价模型，快速计算客户所能带来的利润。与此同时，对客户风险进行评估，帮助确定客户的贷款价格。一旦同意放贷，银行根据该客户账户的性质和交易频率确定一个风险值，并每个月调整一次。

4. 启示与思考

客户管理的理念转变是最重要的第一步，重视客户，以客户为中心理念的建立是做好客户关系管理的前提；运用CRM系统做好客户细分是客户关系管理的基础；组织架构再造和流程改造是做好客户关系管理的制度保障。

客户关系管理是实现商业银行精细化管理的基础性工作。精细化是银行管理的未来发展方向，也是银行管理力求达到的境界。CRM系统的建立，可以帮助银行识别客户需求，测定客户利润贡献，评价客户风险，可以说，CRM是实现现代商业银行经营管理不可或缺的管理系统之一。

参考文献

[1] 威廉·M·普赖德(William M. Pride),O·C·费雷尔(O. C. Ferrell). 营销观念与战略[M]. 梅清豪,等,译. 北京：中国人民大学出版社,2005.

[2] 里斯,特劳特. 营销战(修订版)[M]. 李正栓,贾纪芳,译. 北京：中国财政经济出版社,2002.

[3] 宋炳方. 银行客户经理培训教程[M]. 北京：经济管理出版社,2006.

[4] 李晏墅. 市场营销学[M]. 北京：高等教育出版社,2008.

[5] 银行业从业人员资格认证考试辅导教材——公司信贷[M]. 北京：中国金融出版社,2009.

[6] 银行业从业人员资格认证考试辅导教材——个人信贷[M]. 北京：中国金融出版社,2009.

[7] 彭程,武齐. 花旗营销——银行营销的新时代[M]. 北京：中国经济出版社,2003.

[8] 中国注册会计师协会. 公司战略与风险管理[M]. 北京：经济科学出版社,2010.

[9] 王玉. 企业战略管理教程[M]. 3 版. 上海：上海财经大学出版社,2009.

[10] 侯碧菲. 曾婧. 香港银行客户管理的六大特色[J]. 企业改革与管理. 2007 年 7 月.

[11] 万敏. 跨行取款不收费——兴业银行营销新策略[N]. 证券日报，2007 年 9 月 25 日.

[12] 赖丹声. 银行营销实战原理[M]. 北京：清华大学出版社，2006.

[13] 管克江. 洋银行的营销策略[N]. 人民日报，2007 年 9 月 18 日.

[14] 花旗永远不睡觉[J]. 商务周刊，2002 年 6 月 13 日.

[15] 李金明. 从财务管理角度分析企业营销的效益管理[J]. 中国总会计师，2009 年 6 月.

[16] 闫红玉. 商业银行信贷与营销[M]. 2 版. 北京：清华大学出版社，2009.

[17] 满玉华，赵树海. 商业银行客户经理[M]. 中国人民大学出版社，2009 年 7 月.

[18] 危国海(中国建设银行三峡分行). 关于健全商业银行客户经理制的思考[N]. 光明日报.

[19] 李立民. 对商业银行实施客户经理制中人力资源的思考[J]. 哈尔滨金融高等专科学校学报，2003 年 9 月第 3 期.

[20] 王树文. 项目管理师之路——实践者的体悟[M]. 2007 年 9 月 14 日.

[21] 李宏山. 有效选择客户 打造长效发展基石[J]. 饲料广角，2005 年第 1 期.

[22] 邹雅丽. 商业银行客户信息资源的开发与利用研究[J]. 情报杂志，2003 年第 10 期.

[23] 邵永喜. 商业银行获取 CRM 客户信息的方法探讨[J]. 新西部，2007 年第 22 期.

[24] 满玉华. 商业银行客户关系维护探析[J]. 现代商

业，2010 年第 12 期.

[25] 张贵益，钟杰. 商业银行客户关系维护研究[J]. 中国农业银行武汉培训学院学报，2004 年第 5 期。

[26] 吴植璋. 银行客户关系维护研究[J]. 现代经济信息，2010 年第 4 期.

[27] 王鹏虎. 客户经理的素质、知识与技能. 价值中国网，2007 年 1 月.

[28] 赵永安. 客户信息管理. 价值中国网，2009 年 11 月.

[29] 佟天佑. 中小型企业薪酬的三个功能. 中国劳动网，2004 年 8 月 3 日.

[30] 商业银行建立良好客户关系的六个关键. 中国零售银行网综合汇编，2008 年 12 月.

[31] 柯小林. 客户经理基本素养.

[32]客户经理应具备的专业技能. 北京立金银行培训中心.

[33] 黄伟锋.《谈判艺术与技巧》教案.

[34] 臧其超. 银行客户经理谈判技巧训练.

[35] 林雨萩. 金融行业服务礼仪.

[36] 董传元. 商业银行客户关系管理基本流程. 2006 年 3 月.

[37] 董传元. 商业银行客户关系维护与沟通. 2006 年 3 月.

[38] 加拿大皇家银行的客户关系管理：服务制胜. http://www.100jrxx.com.

[39] 客户经理的素养. http://wiki.mbalib.com/wiki/%E5%AE%A2%E6%88%B7%E7%BB%8F%E7%

90%86%E5%88%B6.

[40] 客户经理必备的职业素质. http://wenku. baidu. com/view/38e96b294b73f242336c5f90. html.

[41] 银行客户经理十大营销技巧. http://wenku. baidu. com/view/e240e818227916888486d79e. html.

[42] 怎样打造建设一支高素质的团队. 中国职业经理人认证. http://www. cpm. gov. cn/CPMview. asp? unid=1708.

[43] 浅议有效谈判与商业银行客户经理的结合运用. 中国职业经理人认证. http://www. cpm. gov. cn/CPMview. asp? unid=2565.

[44] 银行服务质量. http://wenku. baidu. com/view/155d735f804d2b160b4ec073. html.

[45] 客户选择之我见(二年的市场销售经验之感). http://www. 191bbs. com/read. php? tid=143597.

[46] 客户的选择. http://wenku. baidu. com/view/d888e5c608a1284ac8504365. html.

[47] 商业银行客户关系原理. http://wenku. baidu. com/view/d79e15d8ce2f0066f5332299. html.

[48] 市场营销十大新理念[J]. 21 世纪商业评论. http://money. 163. com/09/1109/10/5NM0GJM400253G87. html.

[49] 确立"整体客户满意"经营新观念. http://www. 100jrxx. com.

[50] 银行营销故事:诚信是金[N]. 金羊网,2005 年 11 月 14 日.

[51] 银行营销故事:日本银行的"拉客术"[N]. 金羊网,

2005年11月2日.

[52] 瑞士信贷银行采用营销新战略. http://www.100jrxx.com.

[53] 银行营销——全员营销案例. http://blog.hinews.cn/?164504/viewspace-356792.

[54]《建行手机银行营销方案》营销环境分析. http://www.doc88.com/p-77232912593.html.

[55] 招商银行列车媒体营销案例分析. http://info.txooo.com.

[56] 花旗银行的内部关系营销策略. http://www.crbanking.com.

[57] 德意志银行:网络广告是最有效率营销渠道. 中国零售银行网.

[58] 渣打银行中国市场宣传策略. http://www.100jrxx.com.

[59] 做好目标定位　华夏银行打造专属女性的银行卡. http://www.100jrxx.com.

[60] 中信"香卡"服务女性客户. 杭州网,2010年10月19日.

[61] 加拿大皇家银行的精确客户细分. http://www.cncs100.com.

[62] 城市商业银行战略定位模式. 慧典市场研究报告网,2010年8月27日.

[63] 深圳发展银行的市场细分. http://www.crbanking.com.

[64] 美国小银行的人情味. 银行家营销网. http://www.crbanking.com.

[65] 胡嘉琪. 美国社区银行的差异化营销智慧. 中国营销传播网. http://dealer. yesky. com.

[66] 罗马银行的品牌营销策略：请托蒂做广告. 银行家营销网.

[67] 比利时朗贝尔银行的服务细节. http://www. crbanking. com.

[68] 客户经理小吴的大额储蓄战略. http://www. 360doc. com.

[69] 客户经理如何与富人打交道. http://www. crbanking. com.

[70] 刘洪. 榜样：花旗银行的待客之道. 世界经理人——牛津管理评论，2007 年 6 月 19 日.

[71] 细微之处方显服务真功夫——看招商银行龙口支行的待客之道. http://lkdj. gov. cn.

[72] 骆晓霞. 银行方案营销模式研究[D]. 对外经贸大学硕士论文，2006.

[73] 媒体关系营销验证了“沟通才有进步”. http://www. crbanking. com.

[74] 民生广东分行行长张凤鸣的“管理经”. 银行家营销网. http://www. crbanking. com.

[75] 国外商业银行如何选择优质资产客户. http://money. msn. com. cn.

[76] 小餐馆的客户关系管理对大银行的启示. http://www. 100jrxx. com.